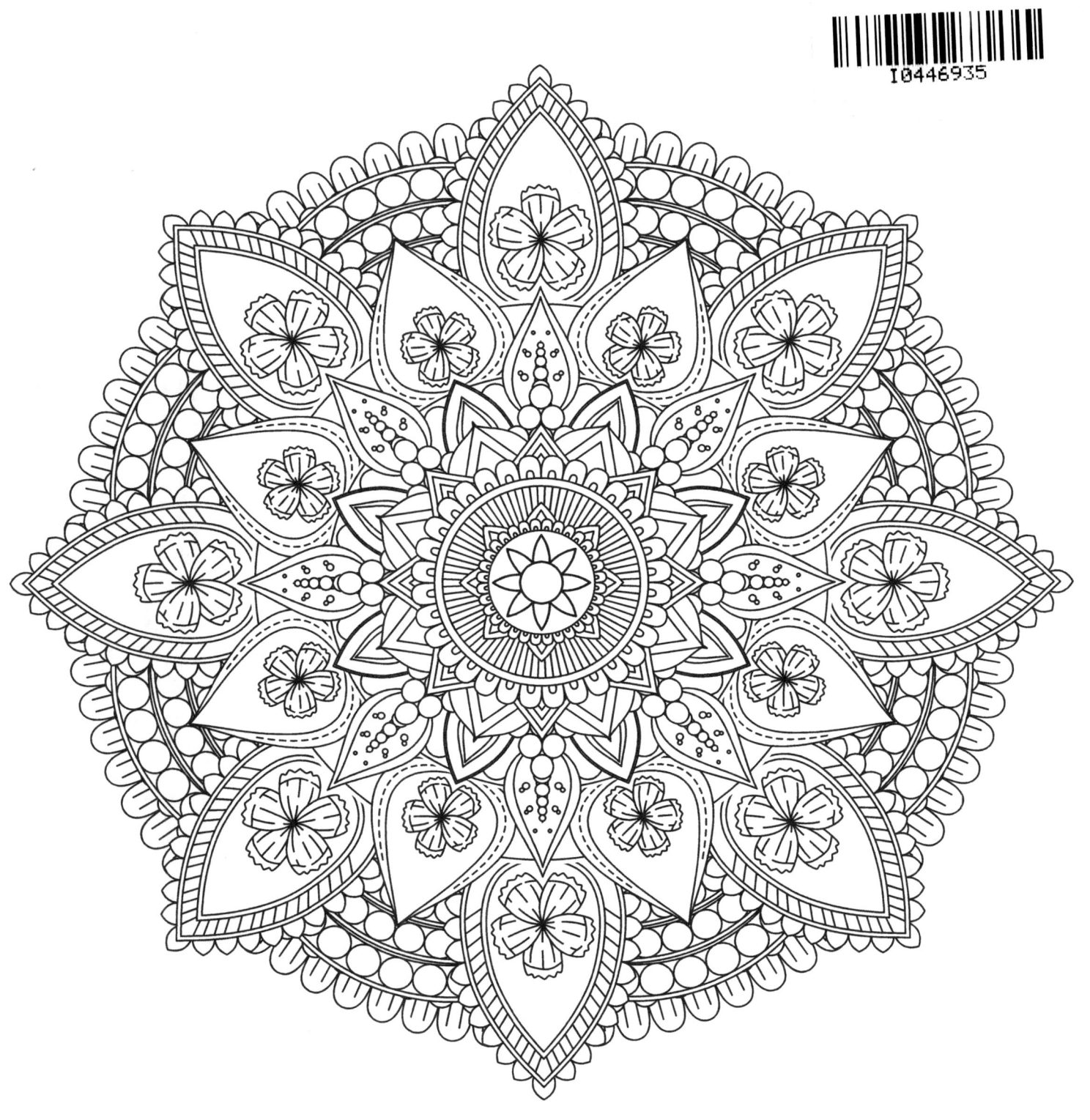

Como poeta del ángel que meditas en un mundo de ensueño

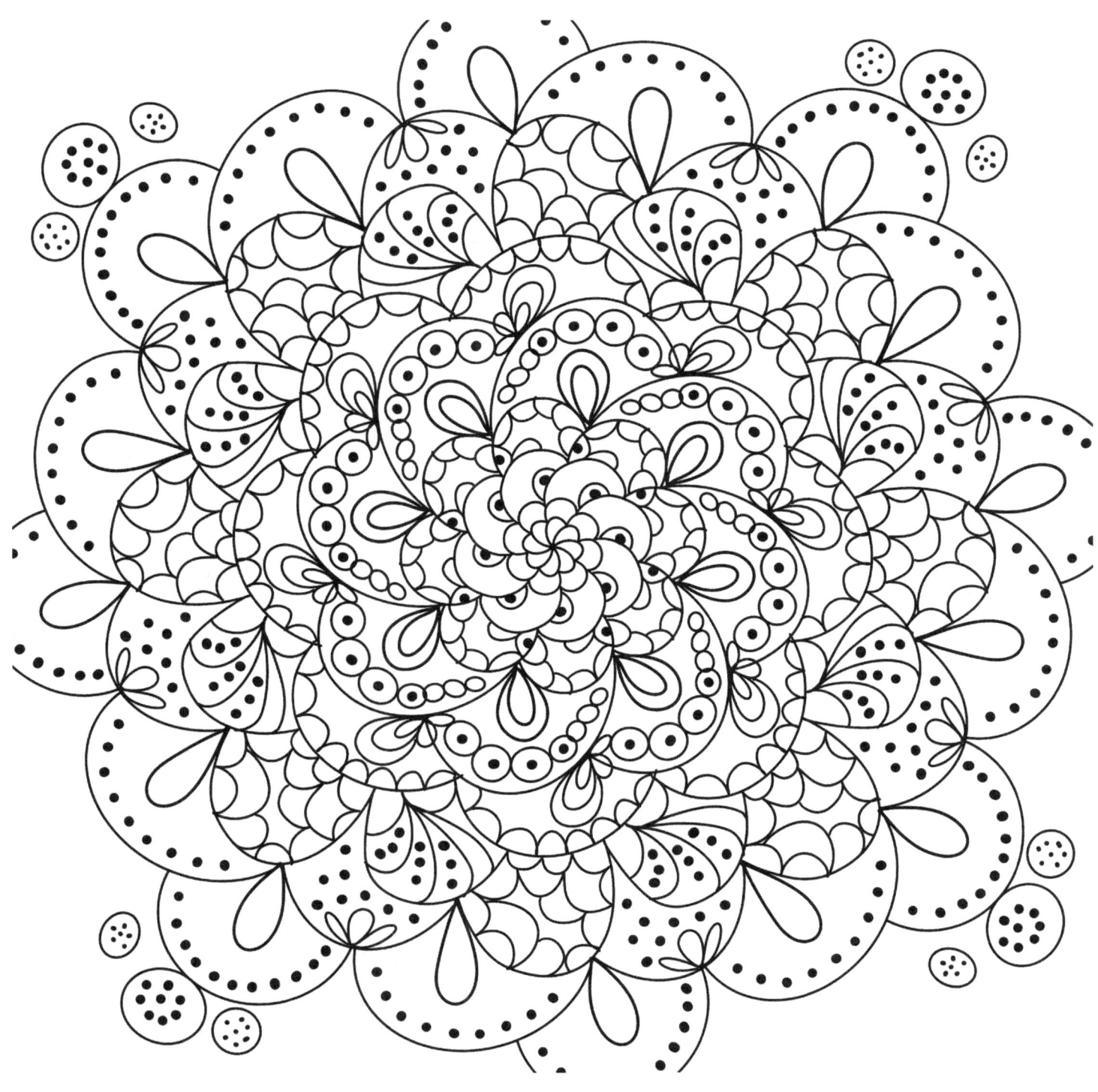

Adéntrate en el bosque inexplorado. Hallarás infinitos senderos

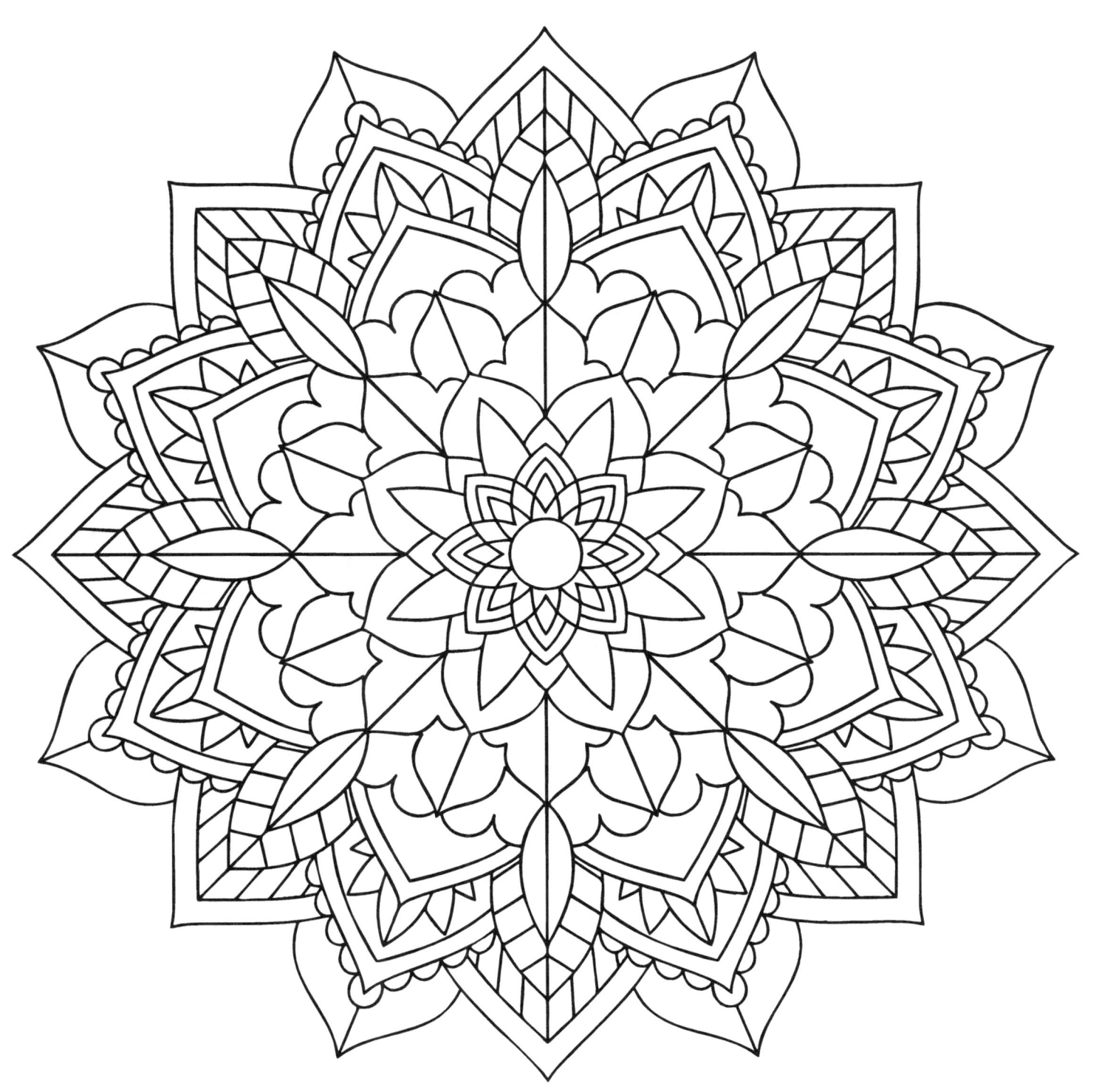

Todo largo camino comienza con un pequeño paso

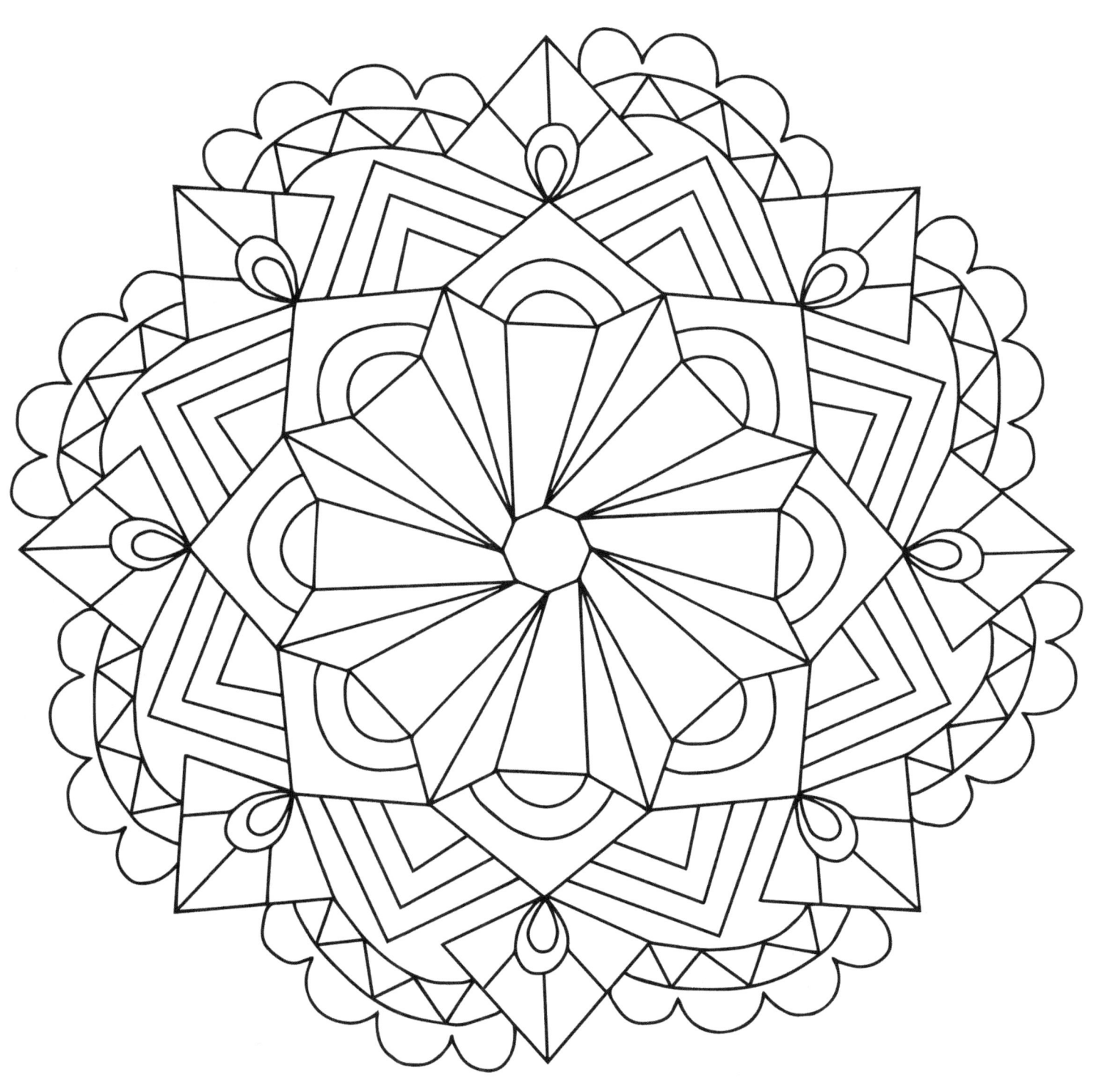

Quien conoce el arte de vivir consigo mismo, ignora el aburrimiento

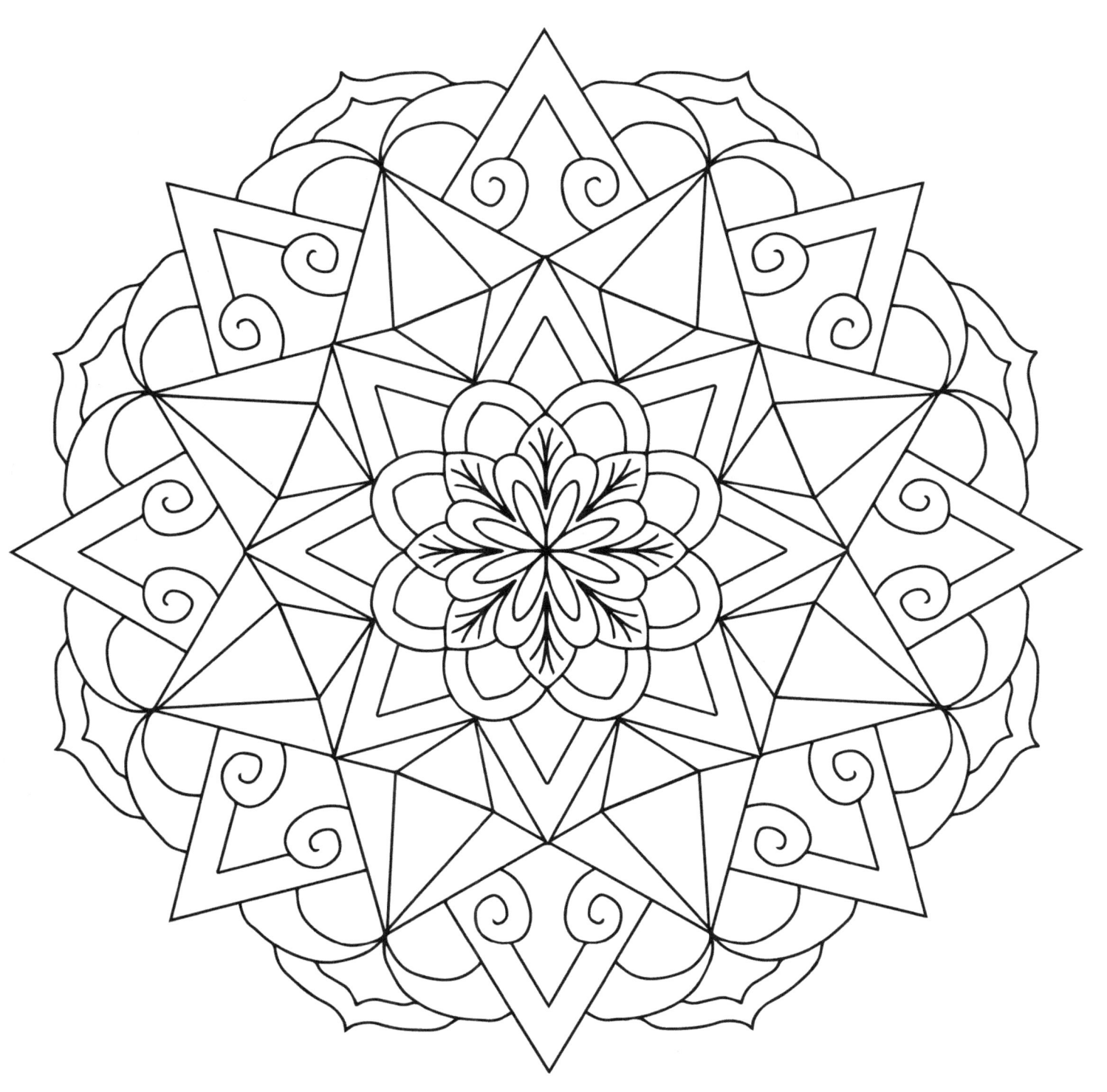

Busca en tu recuerdo un lenguaje cautivador

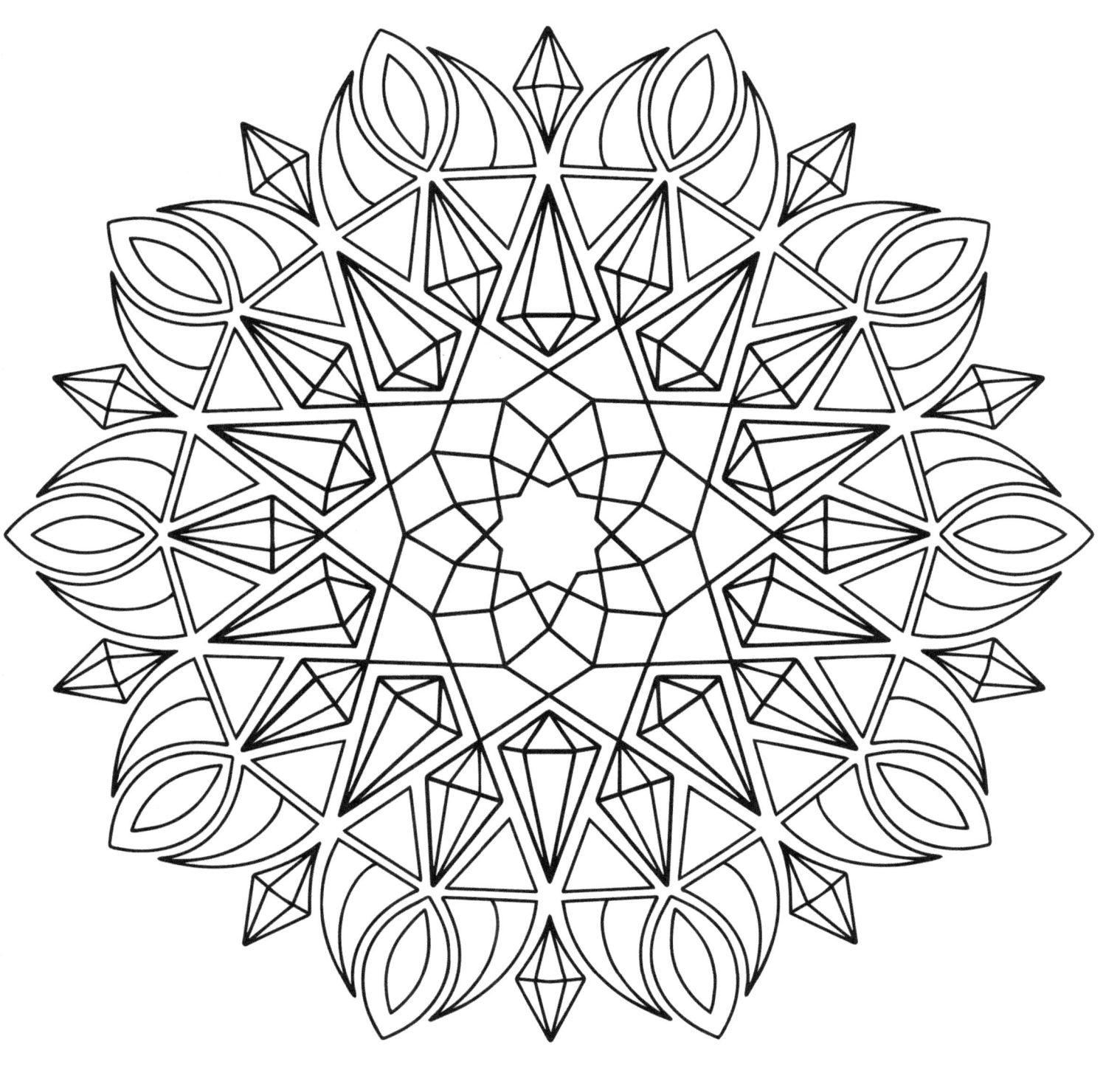

Conquístate a tí mismo y conquistarás el mundo

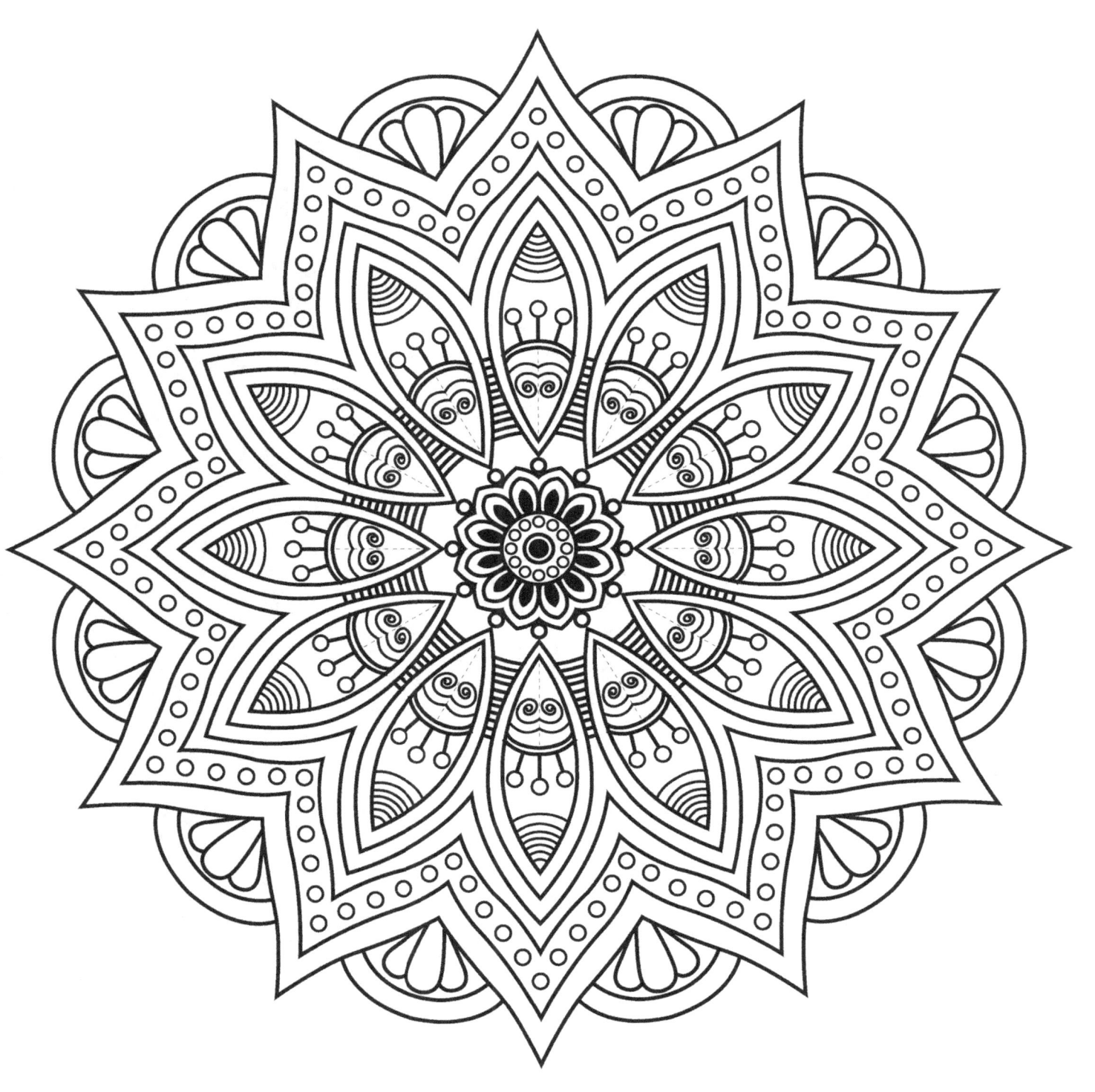

El amor es el más excelso de todos los bienes

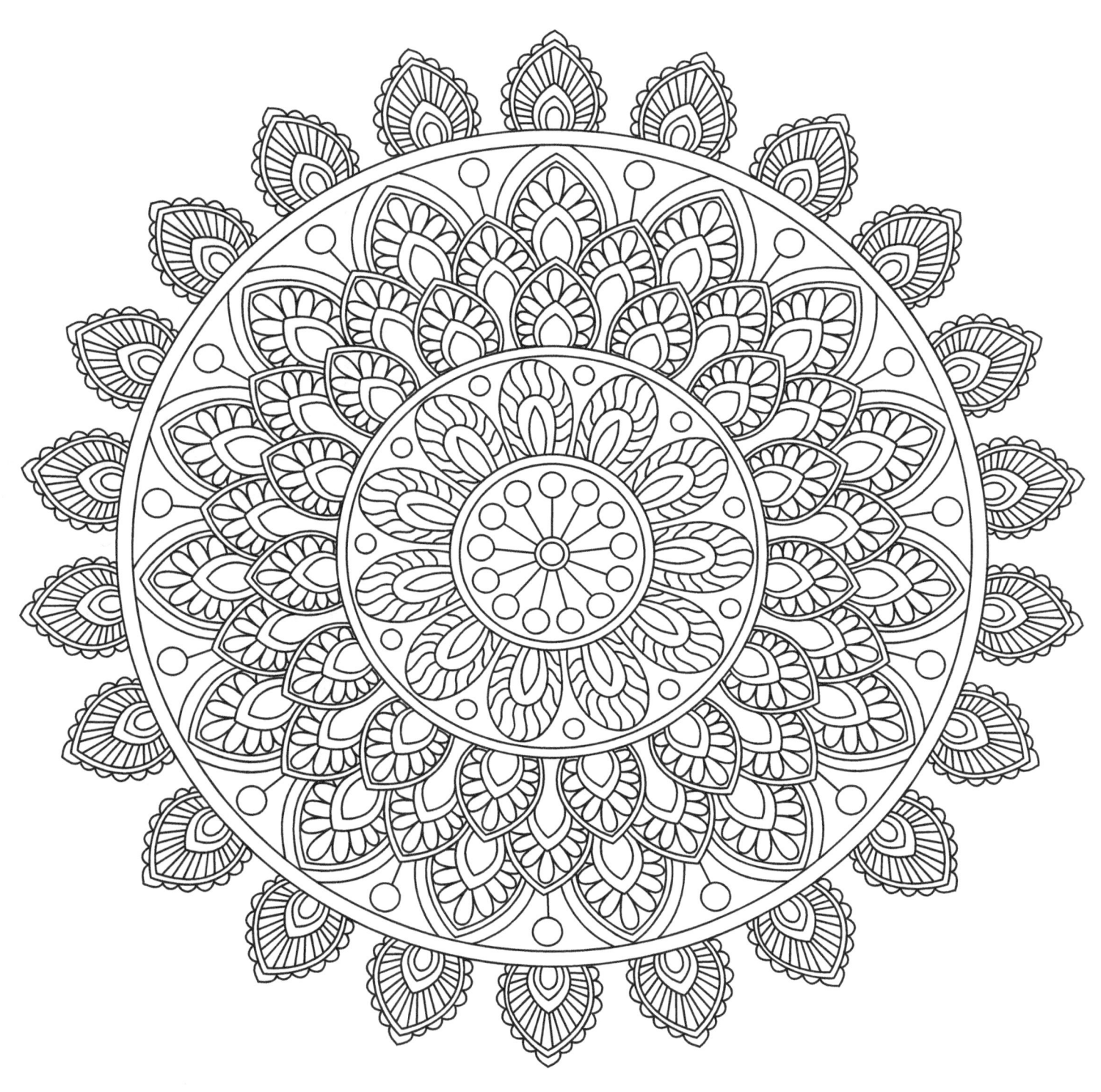

Vive el momento. Sumérgete en sus detalles

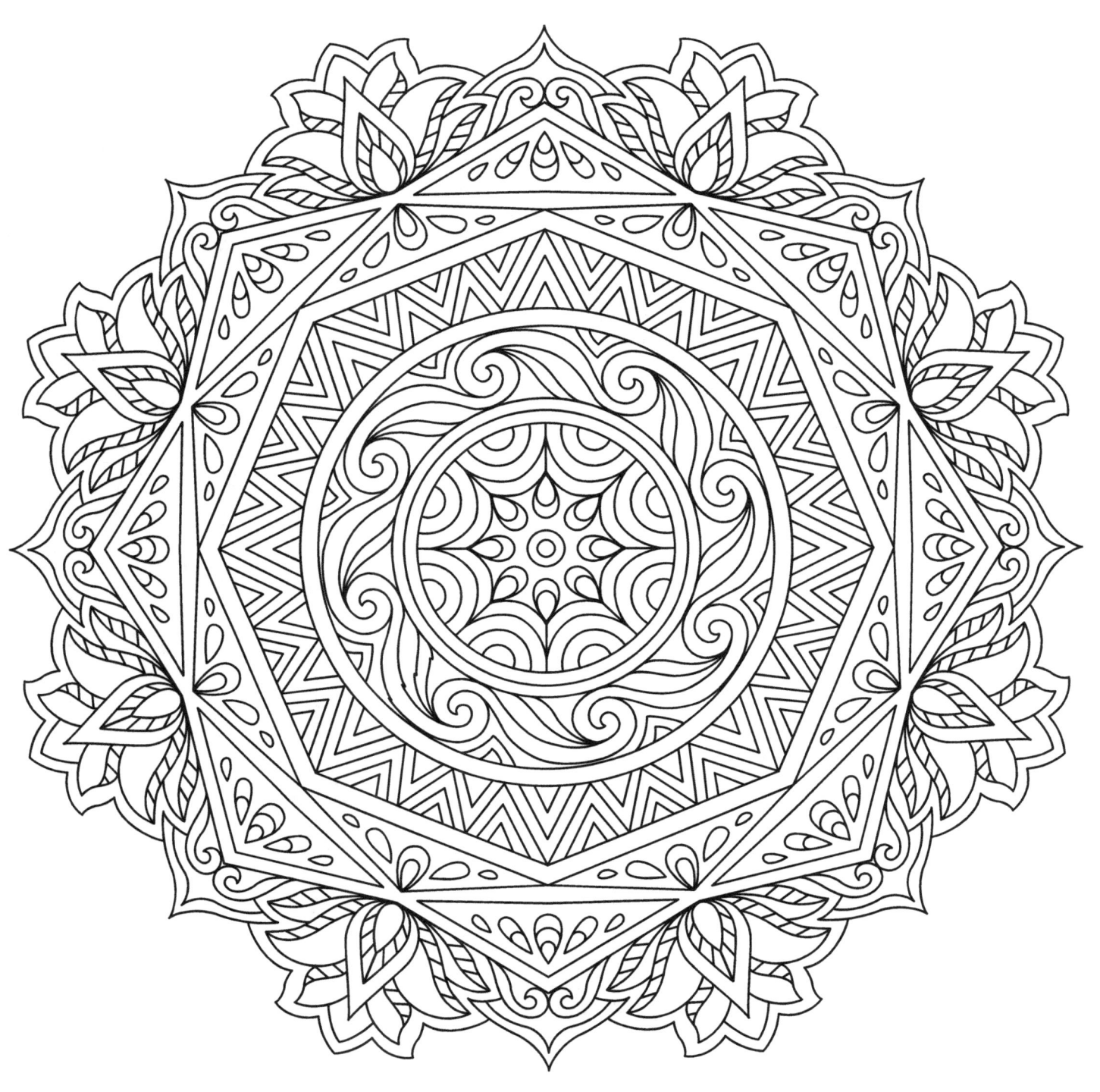

Un barco no debería navegar con una sola ancla, ni la vida con una sola esperanza

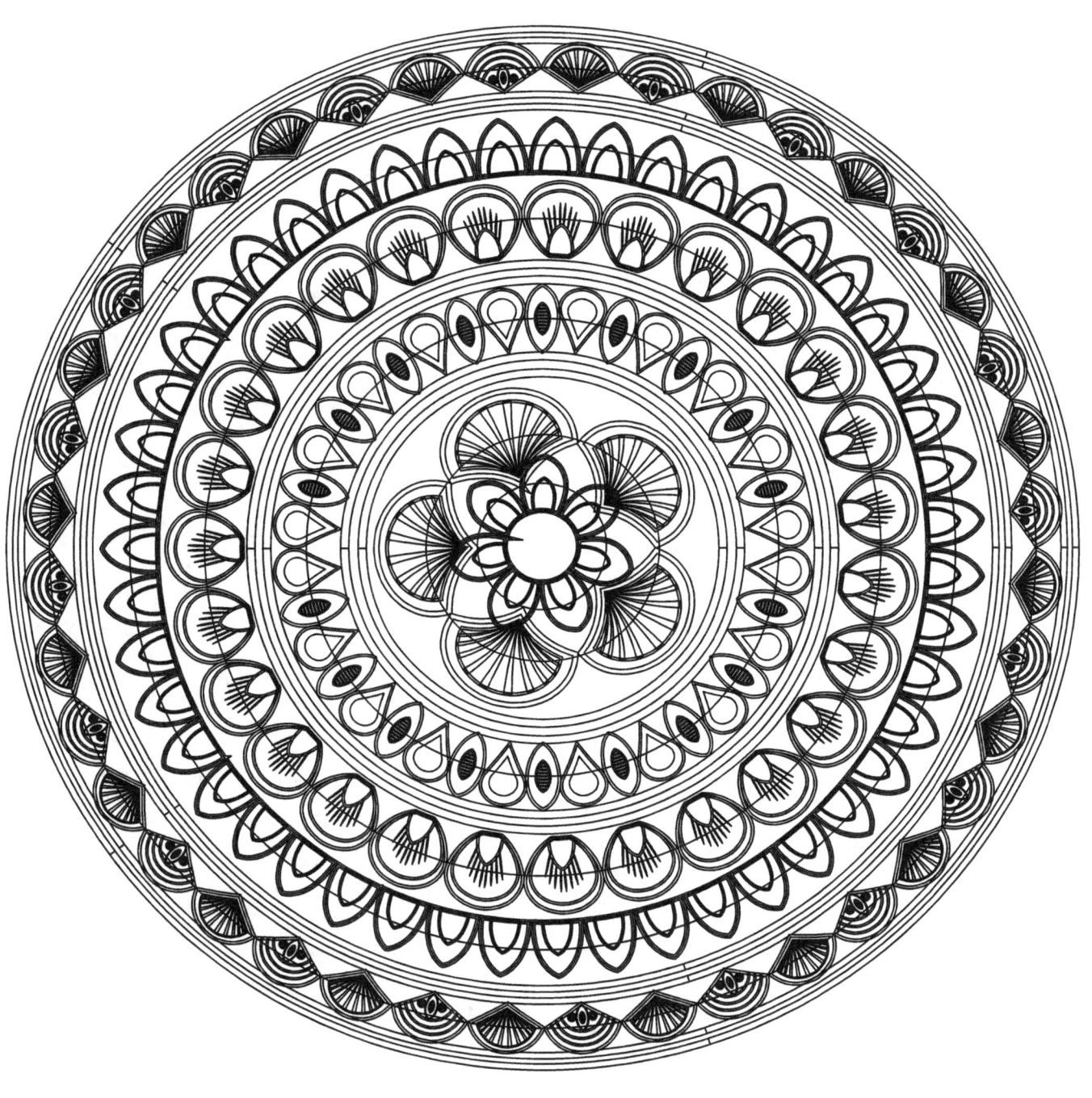

La disciplina es el puente entre el objetivo y el logro

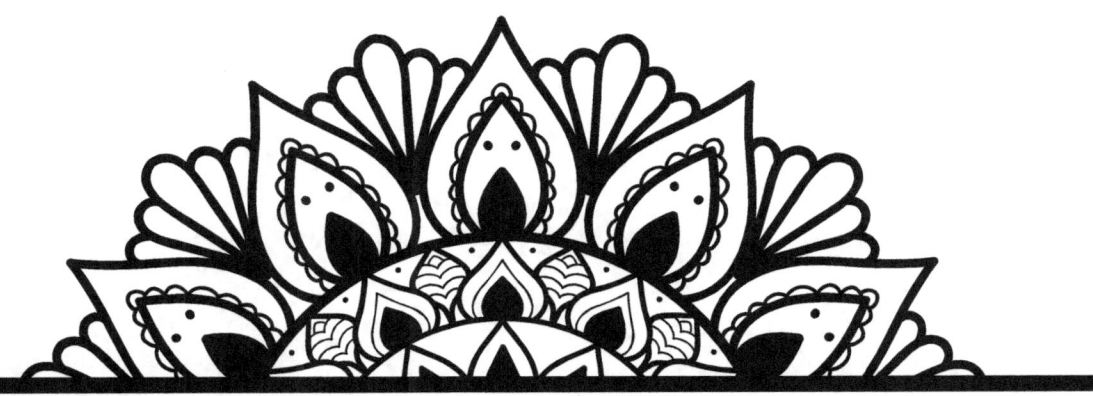

"*Todo lo que puedas imaginar es real*"

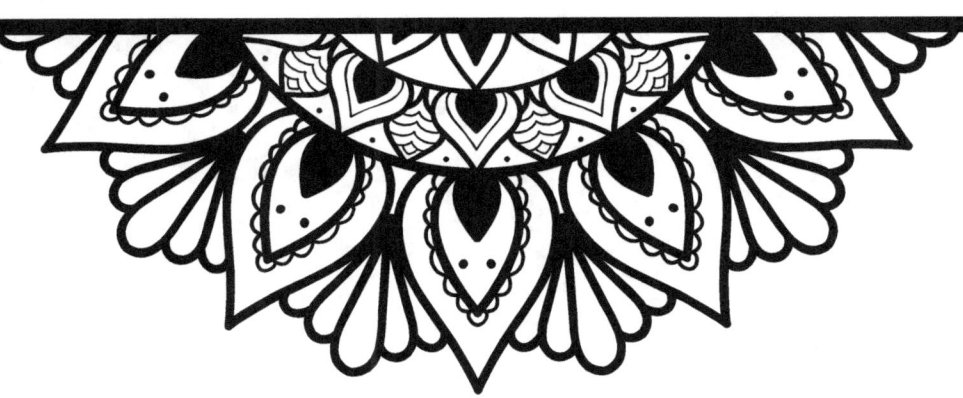

Pablo Picasso

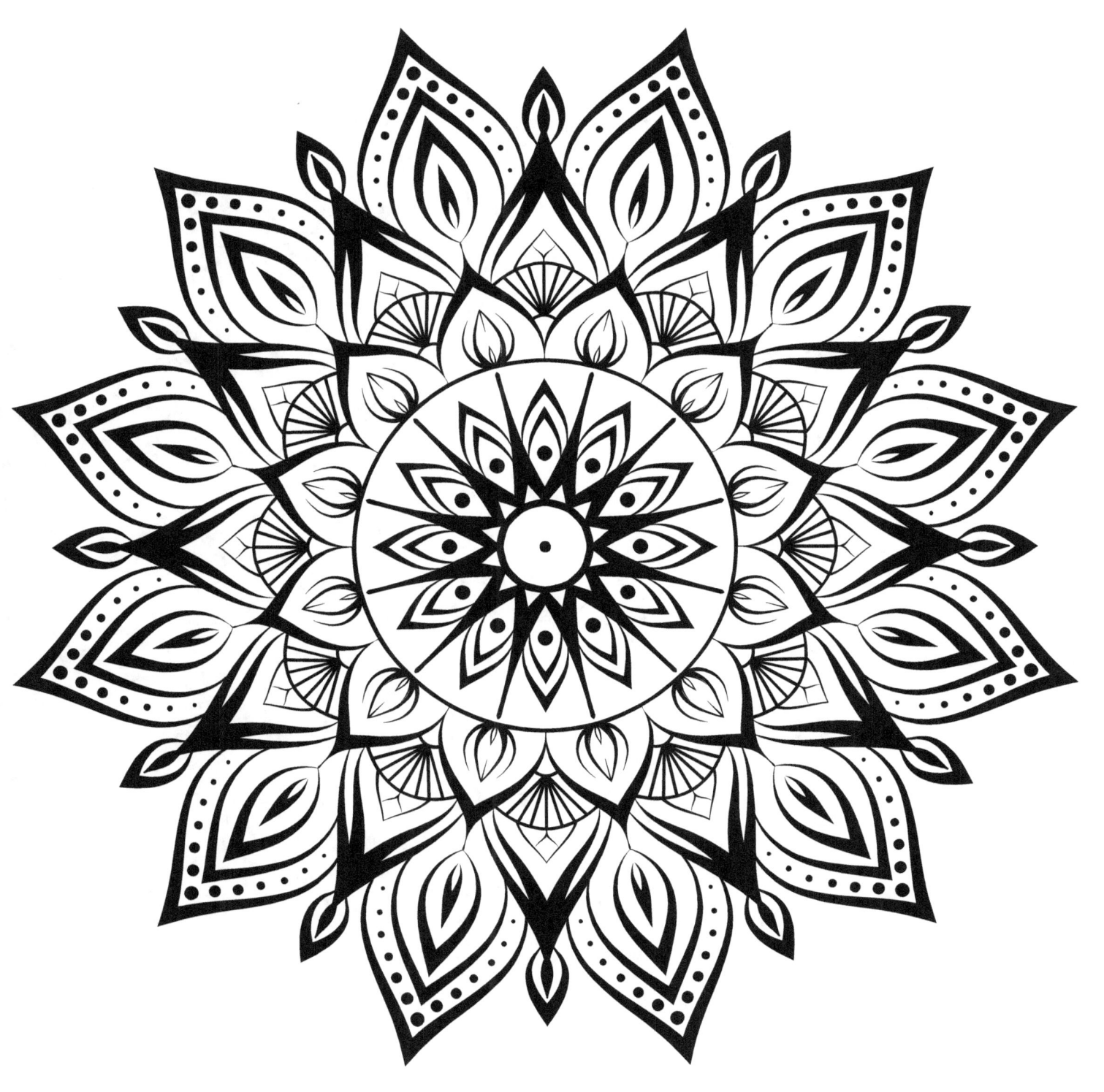

Una gema no puede ser pulida sin fricción, ni un humano perfeccionado sin retos

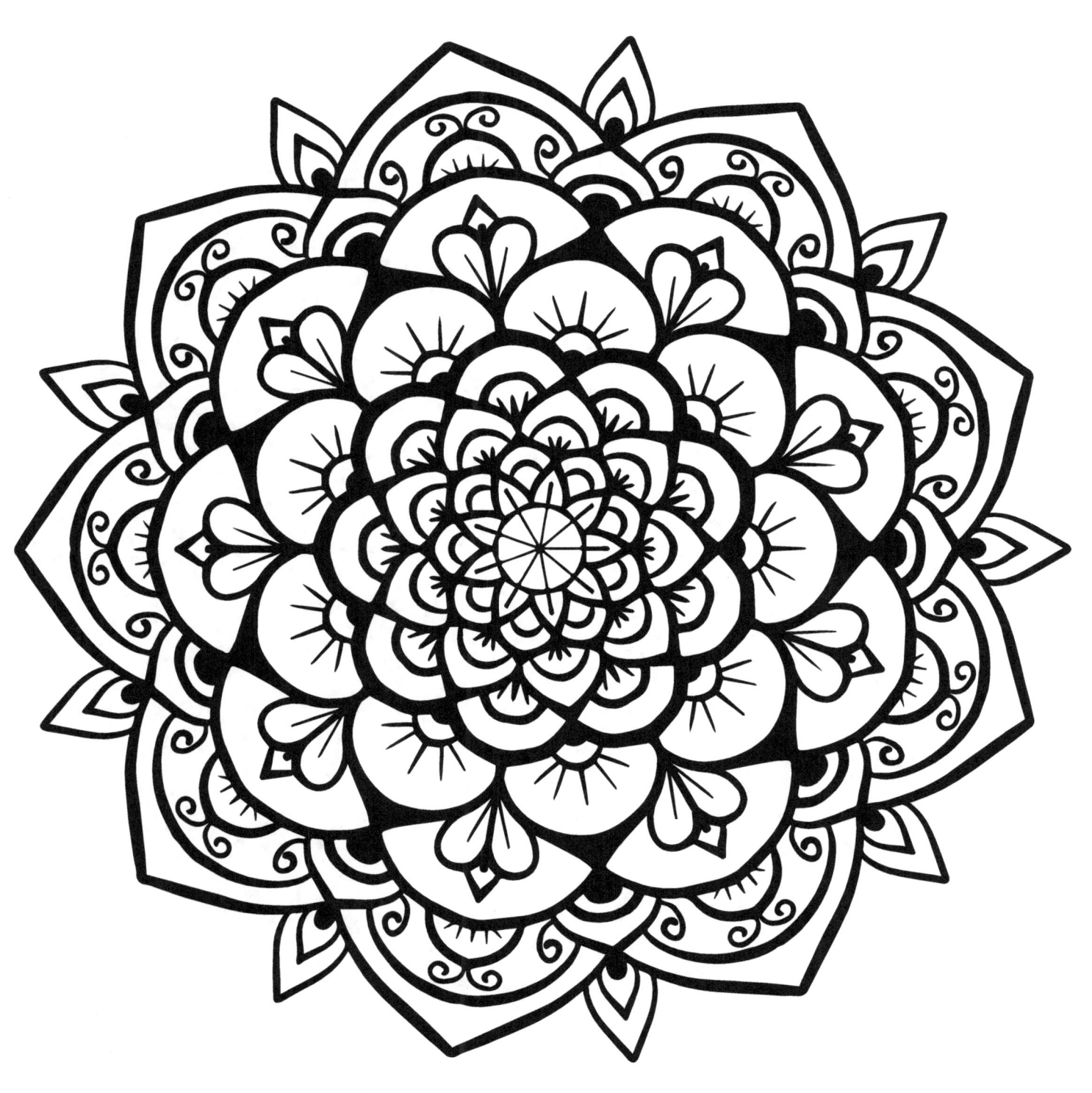

Un río atraviesa la roca no por su poder sino por su persistencia

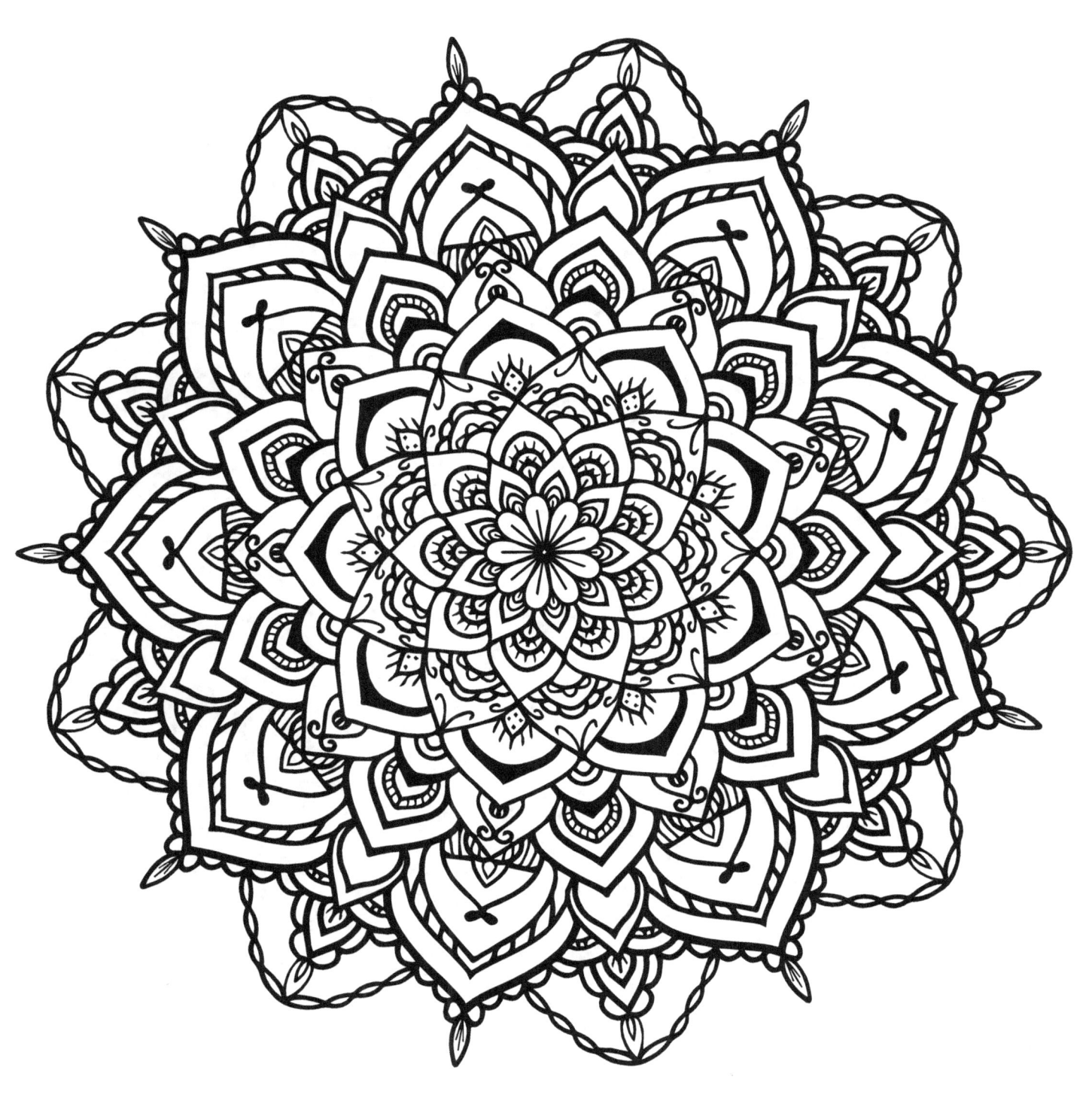

Si sirves a la naturaleza, ella te servirá a tí

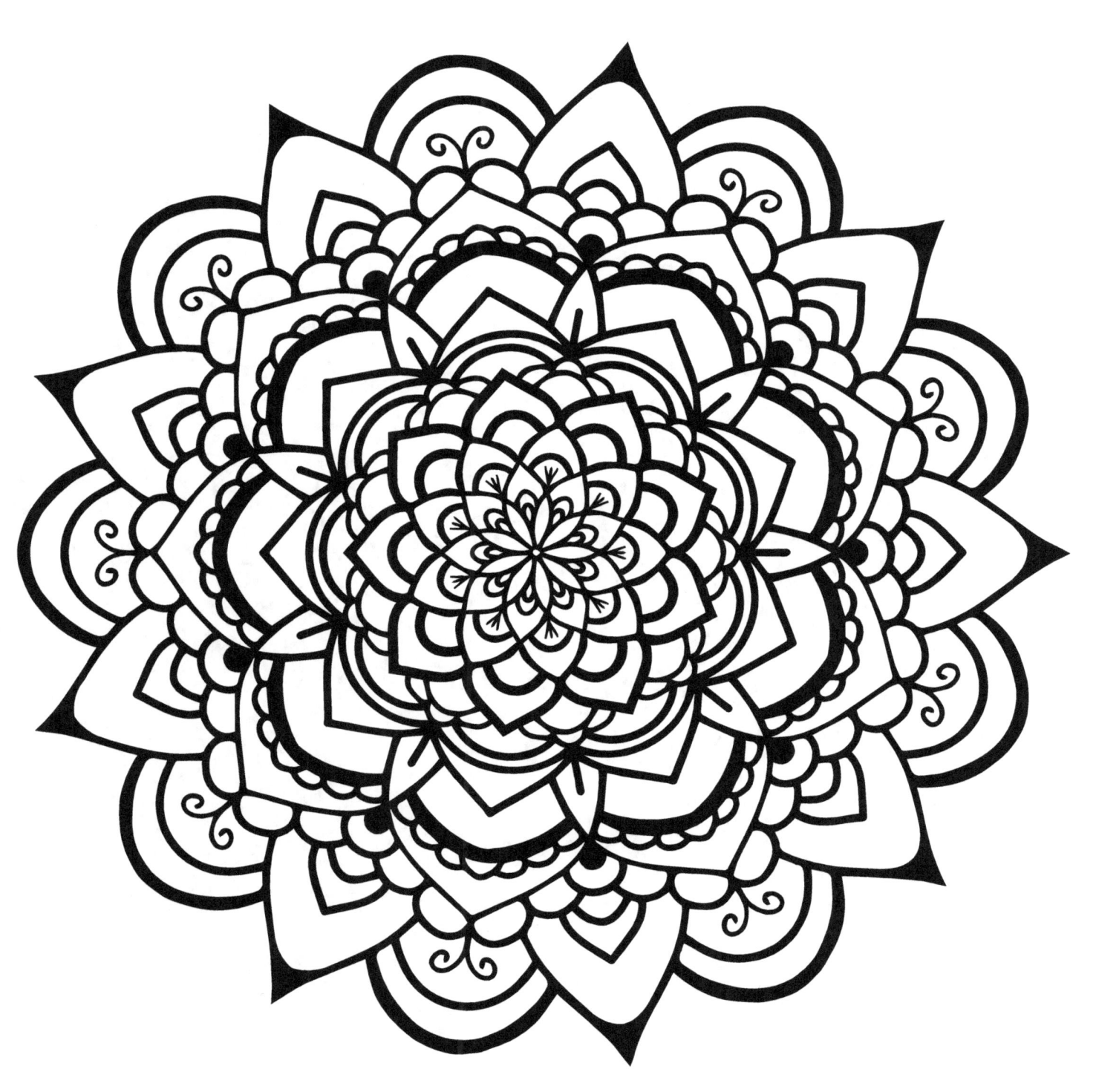

La tierrra sonríe mediante flores

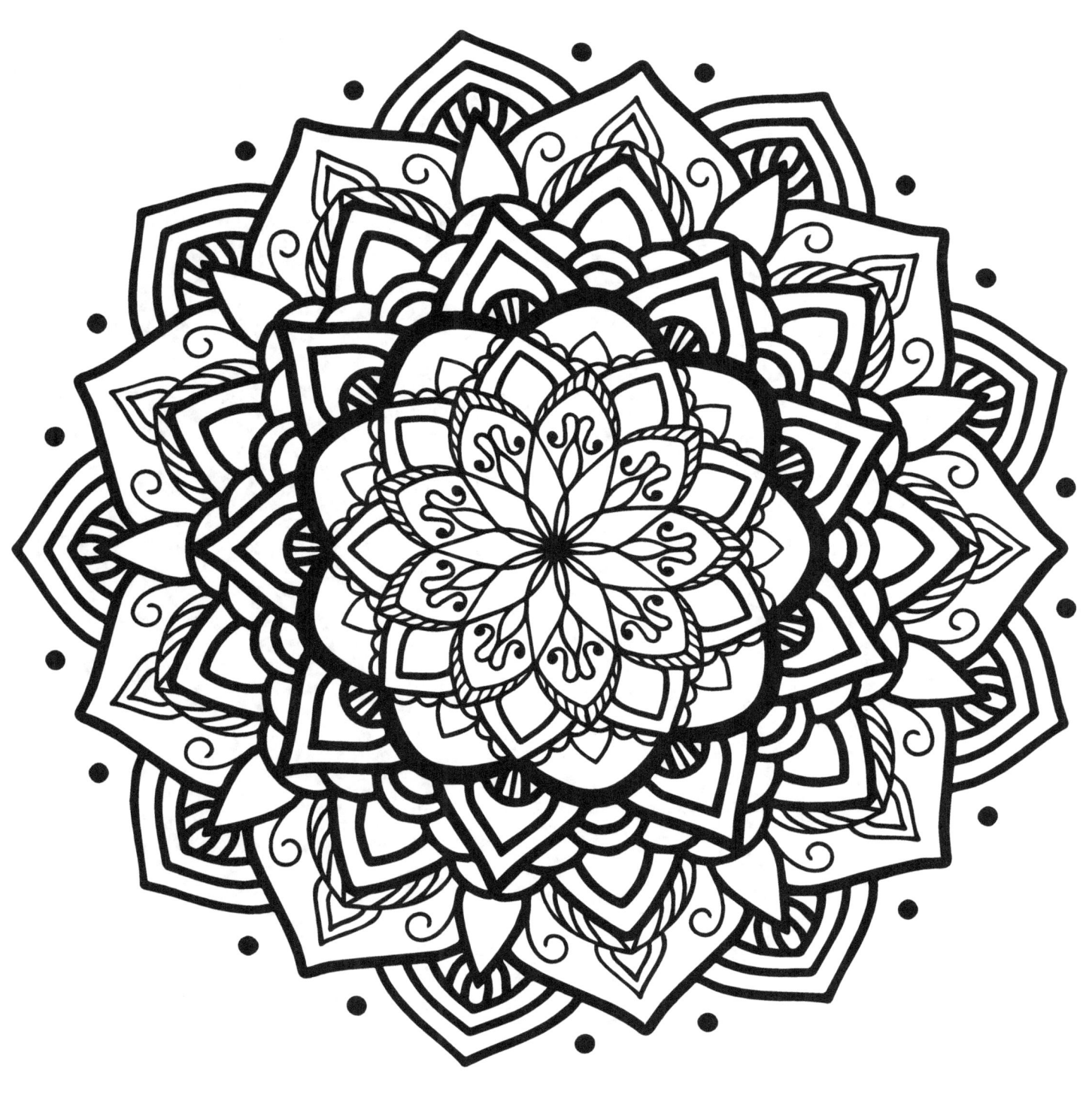

La naturaleza es el único libro que ofrece un contenido
valioso en todas sus hojas

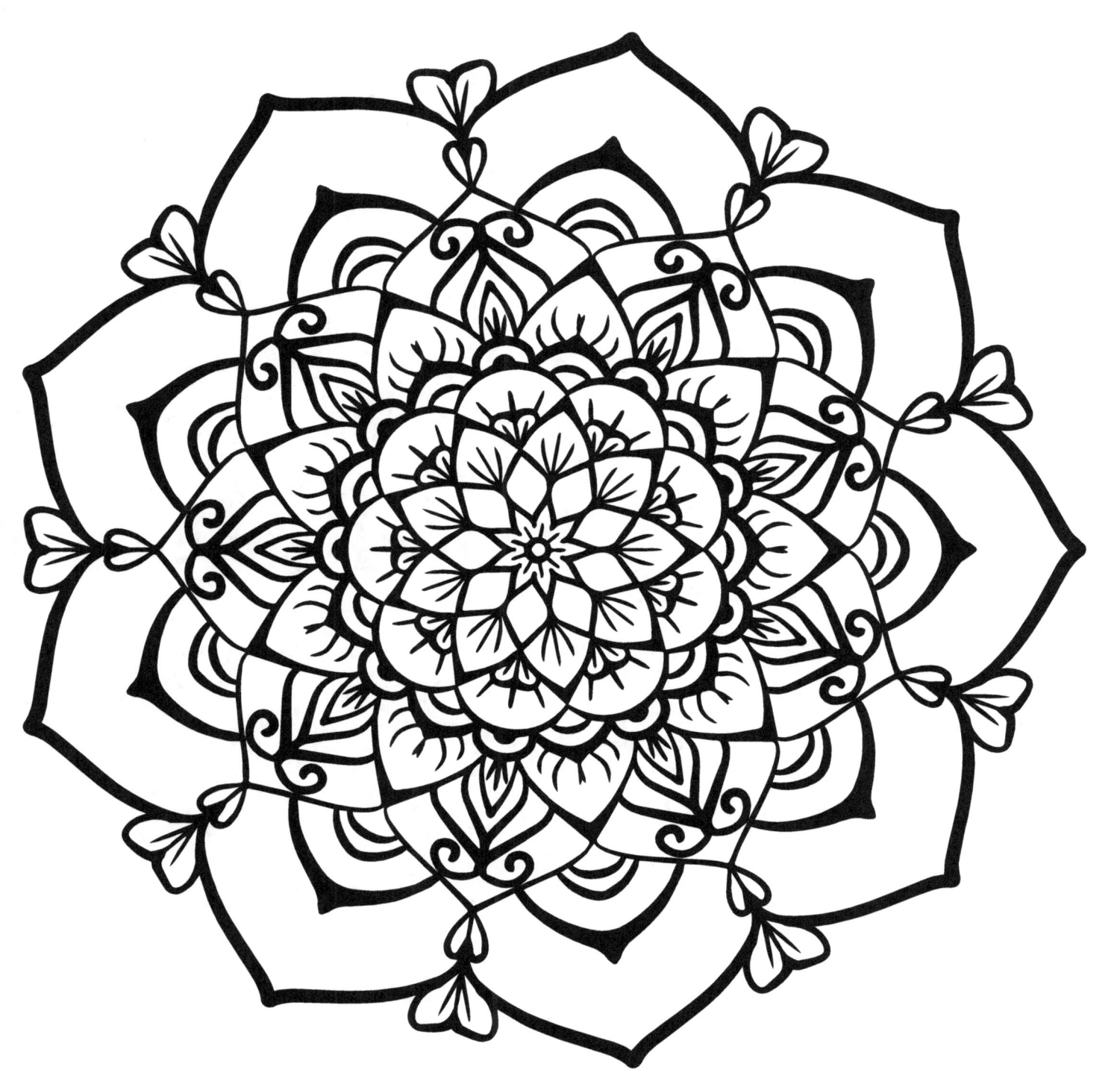

Siempre hay flores para aquellos que quieran verlas

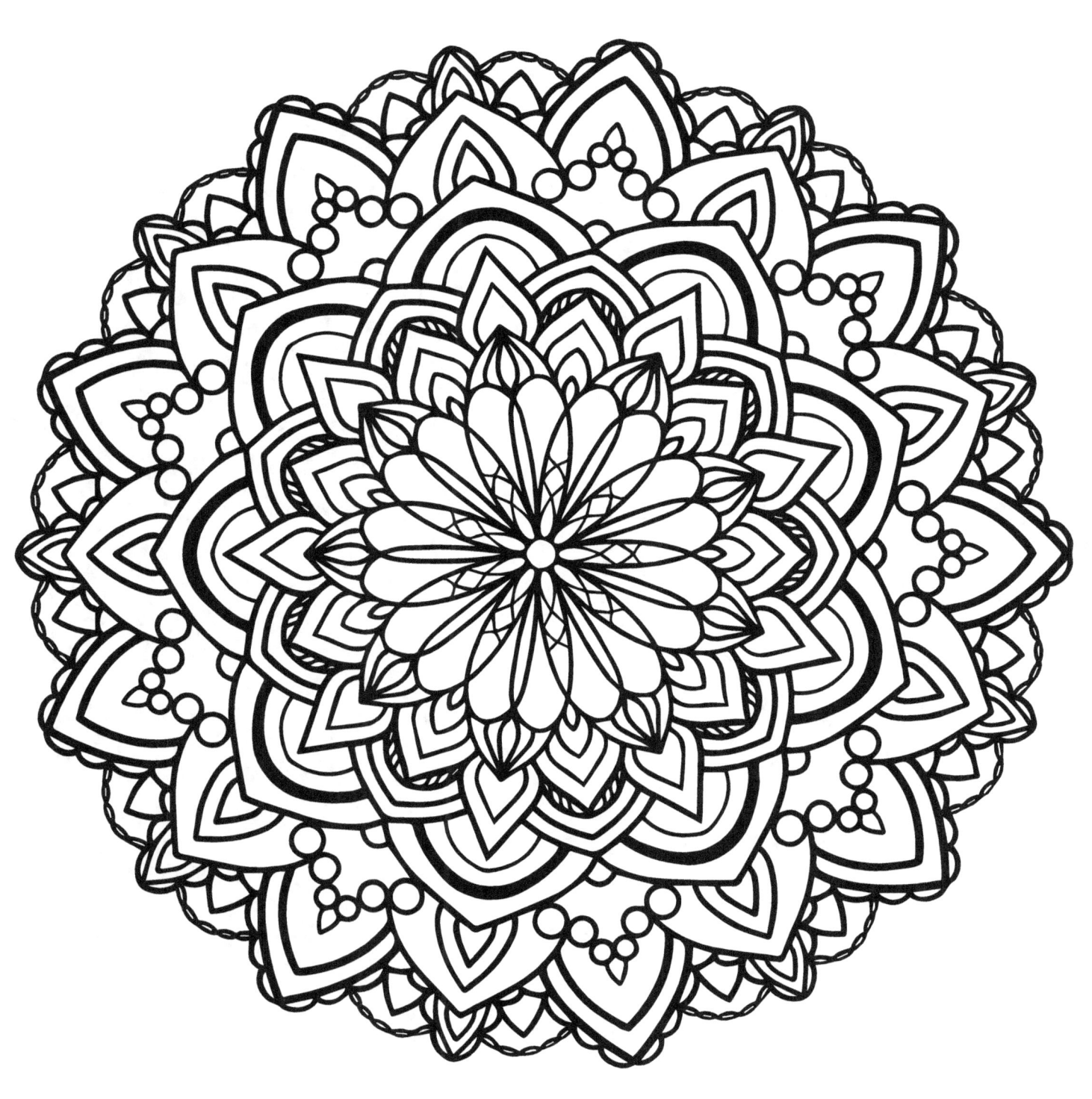

Los árboles son los esfuerzos de la tierra para hablar con
el cielo que escucha

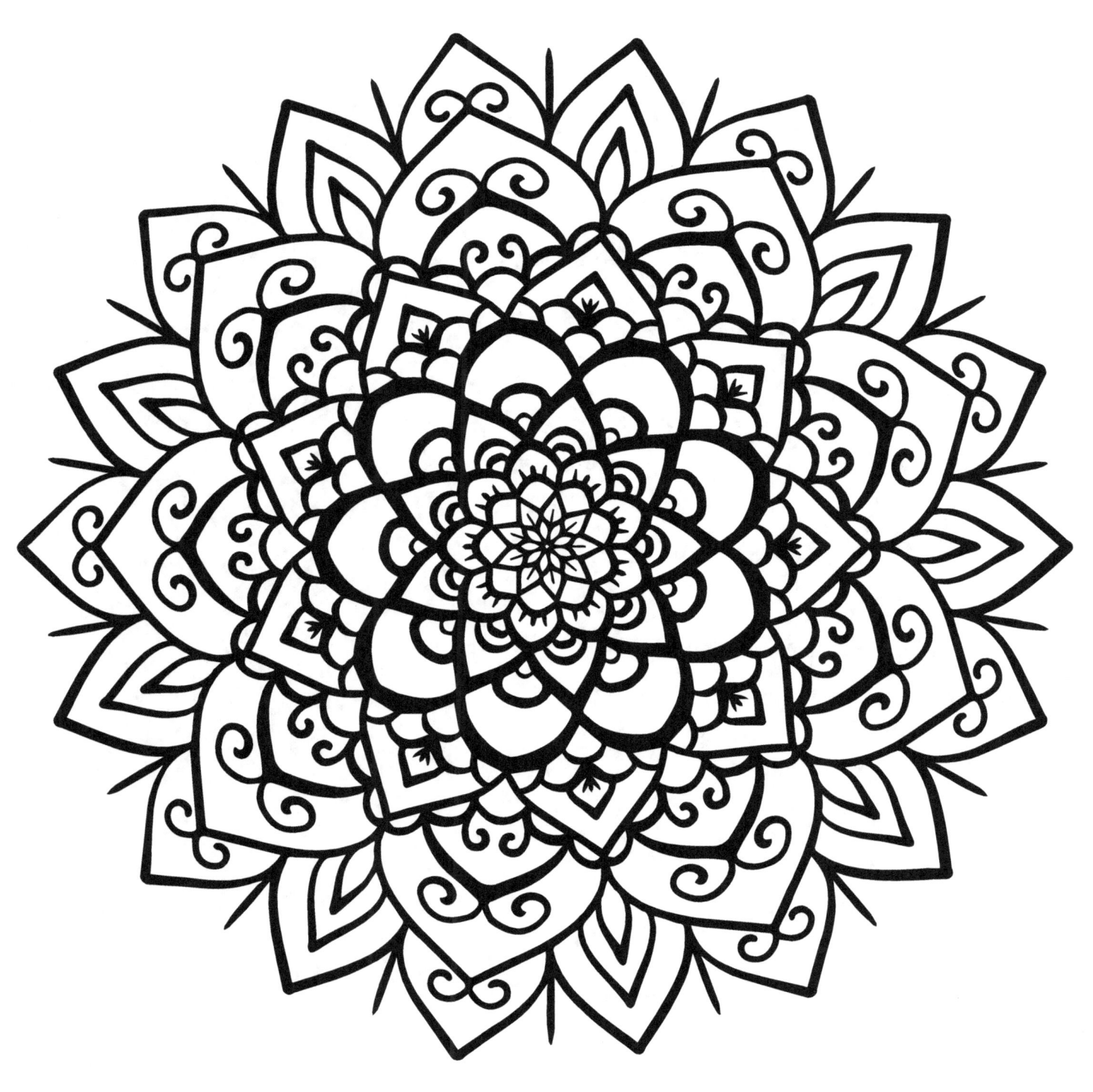

La inversión en paz interior es la que renta el mayor interés

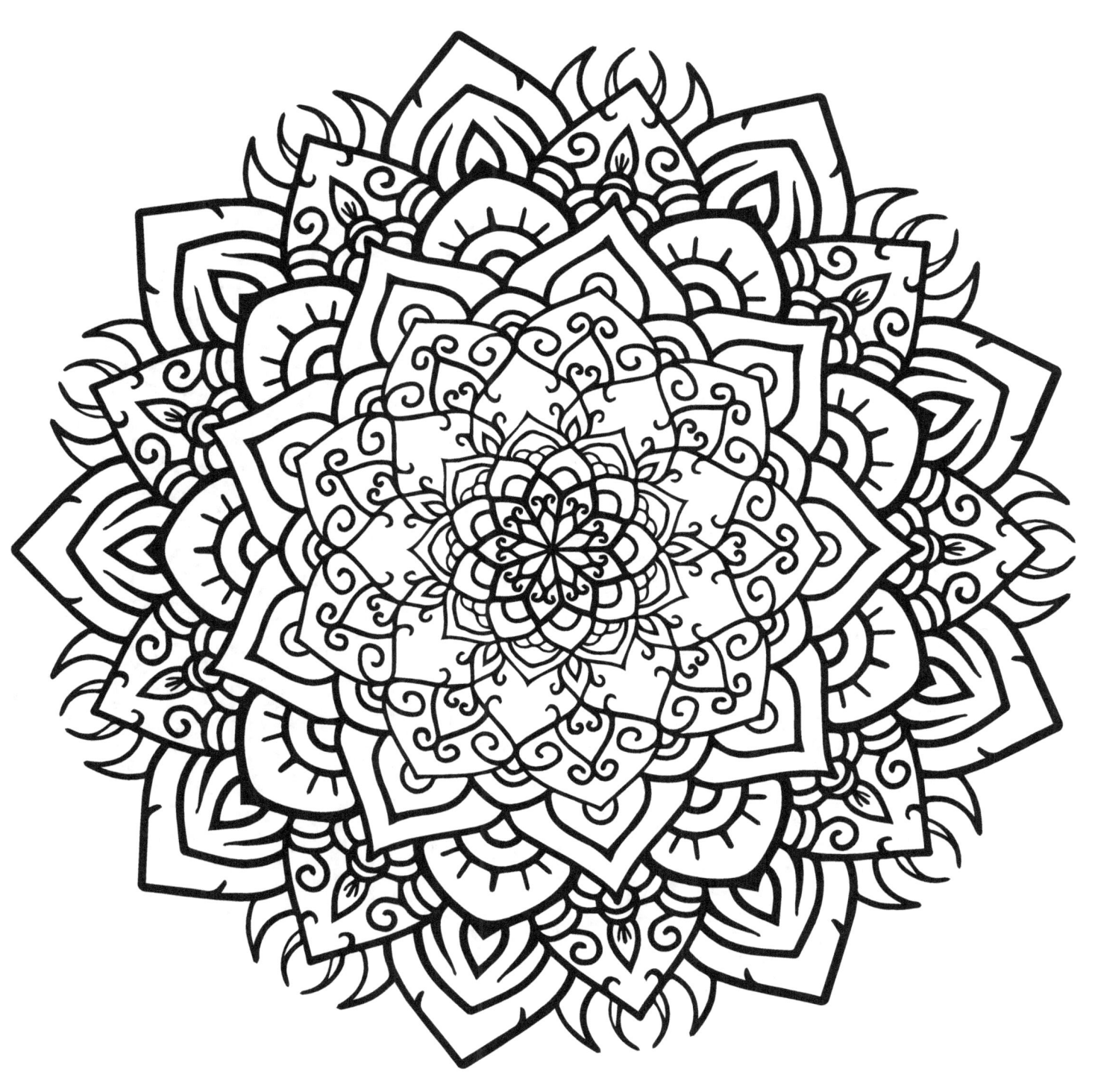

Los árboles que tardan en crecer llevan la mejor fruta

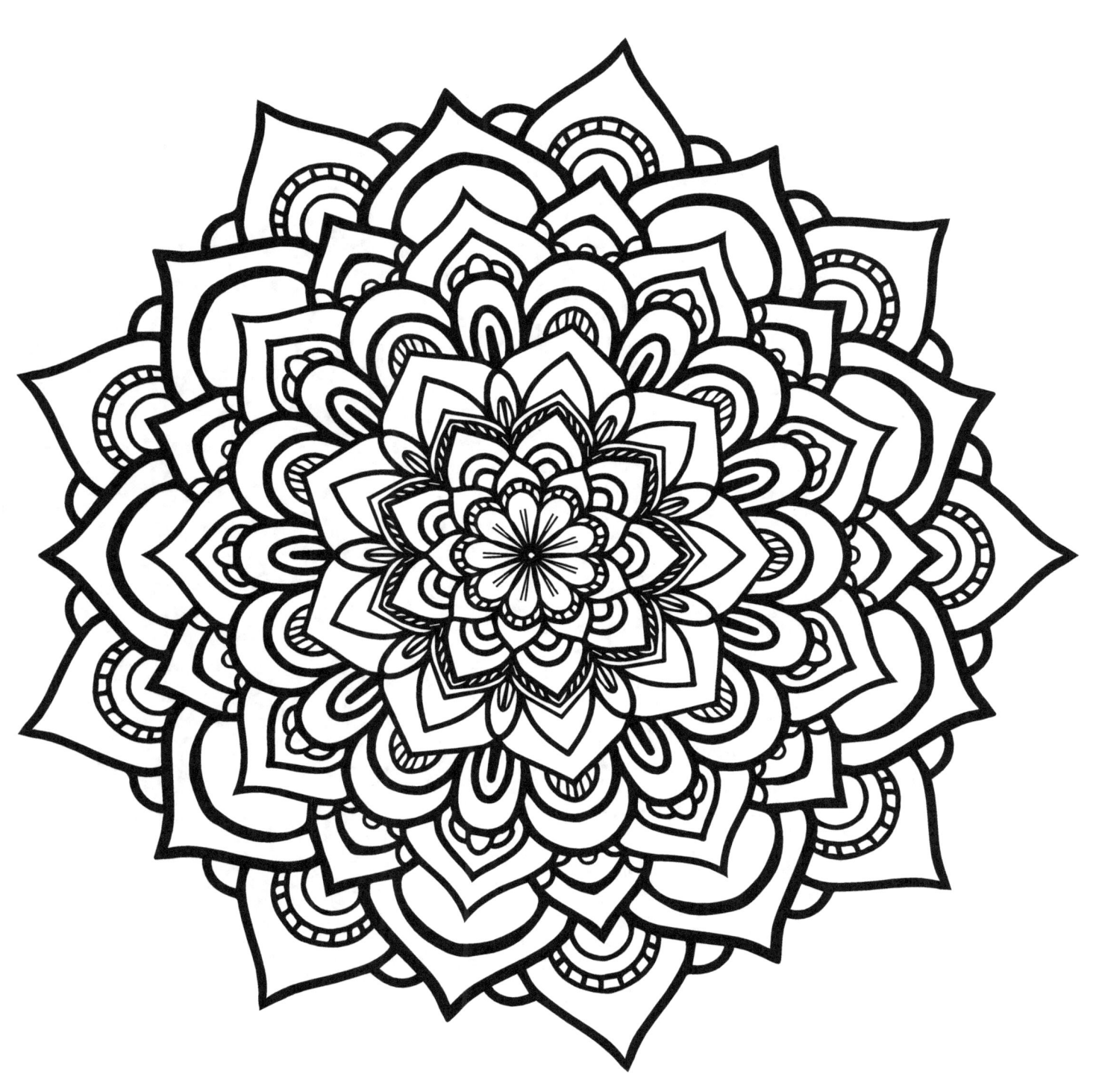

La tierra tiene música para los que escuchan

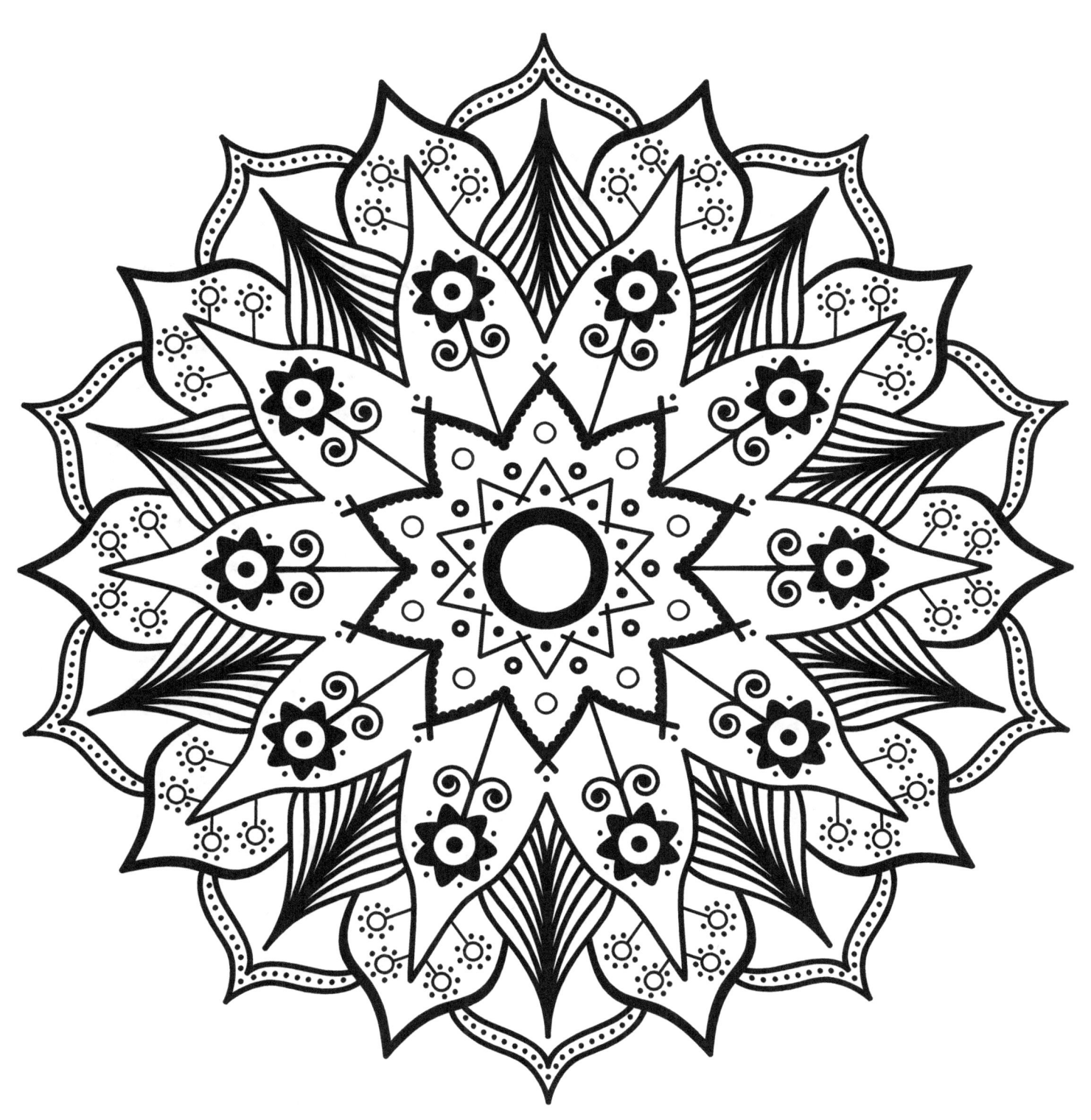

Cada flor es un alma que florece en la naturaleza

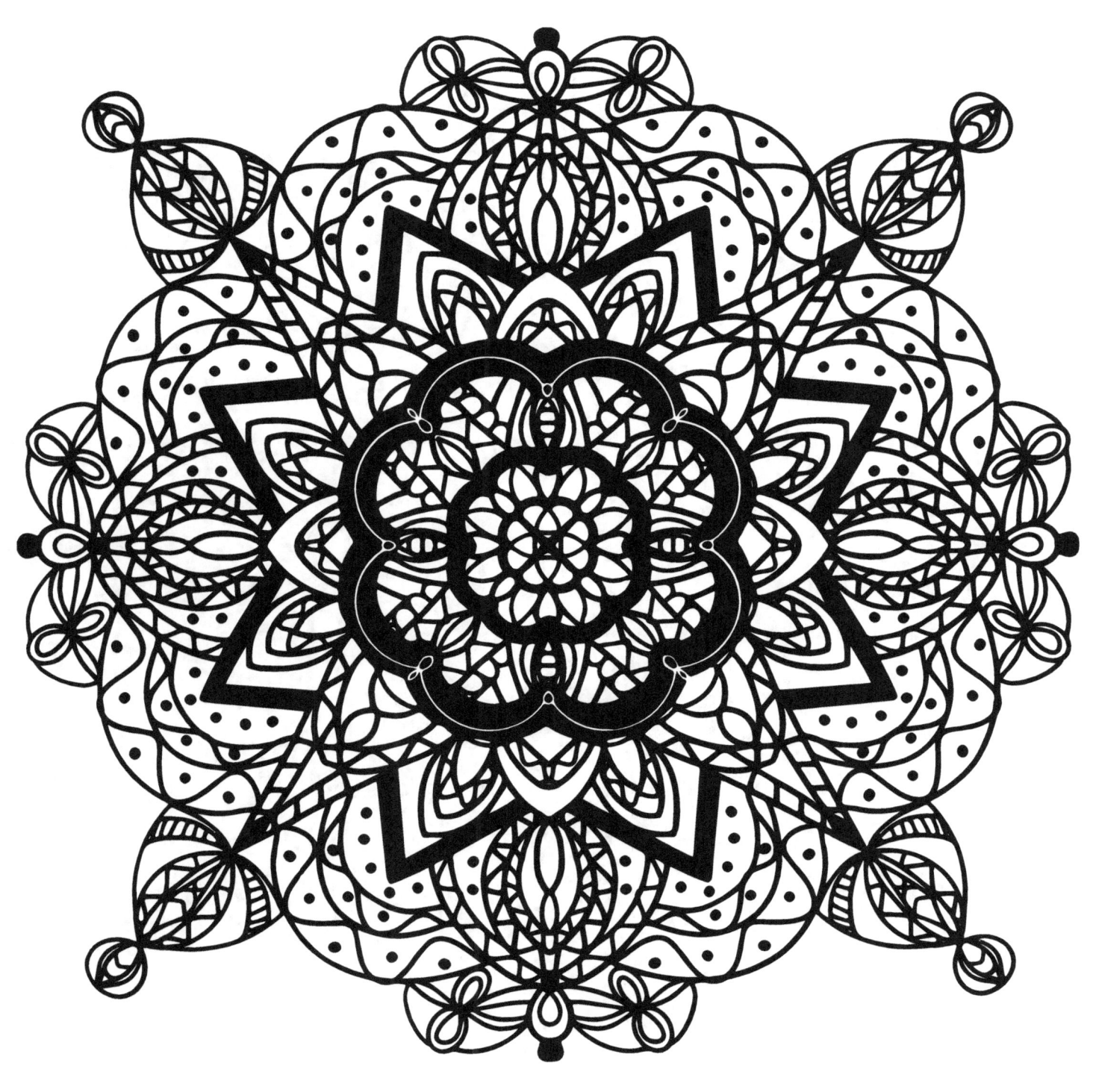

A veces se cierra una puerta y se abre el universo

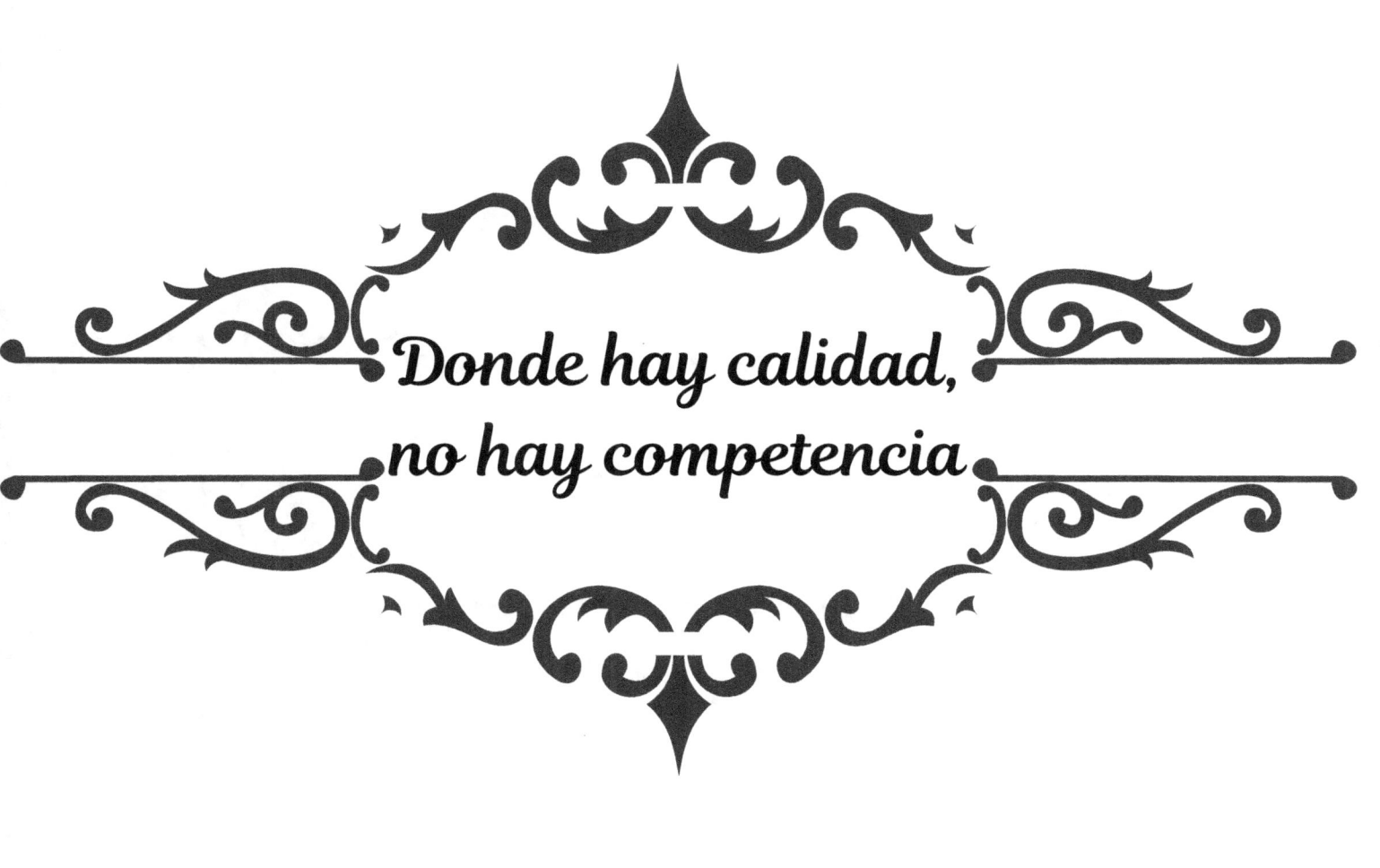

Donde hay calidad,
no hay competencia

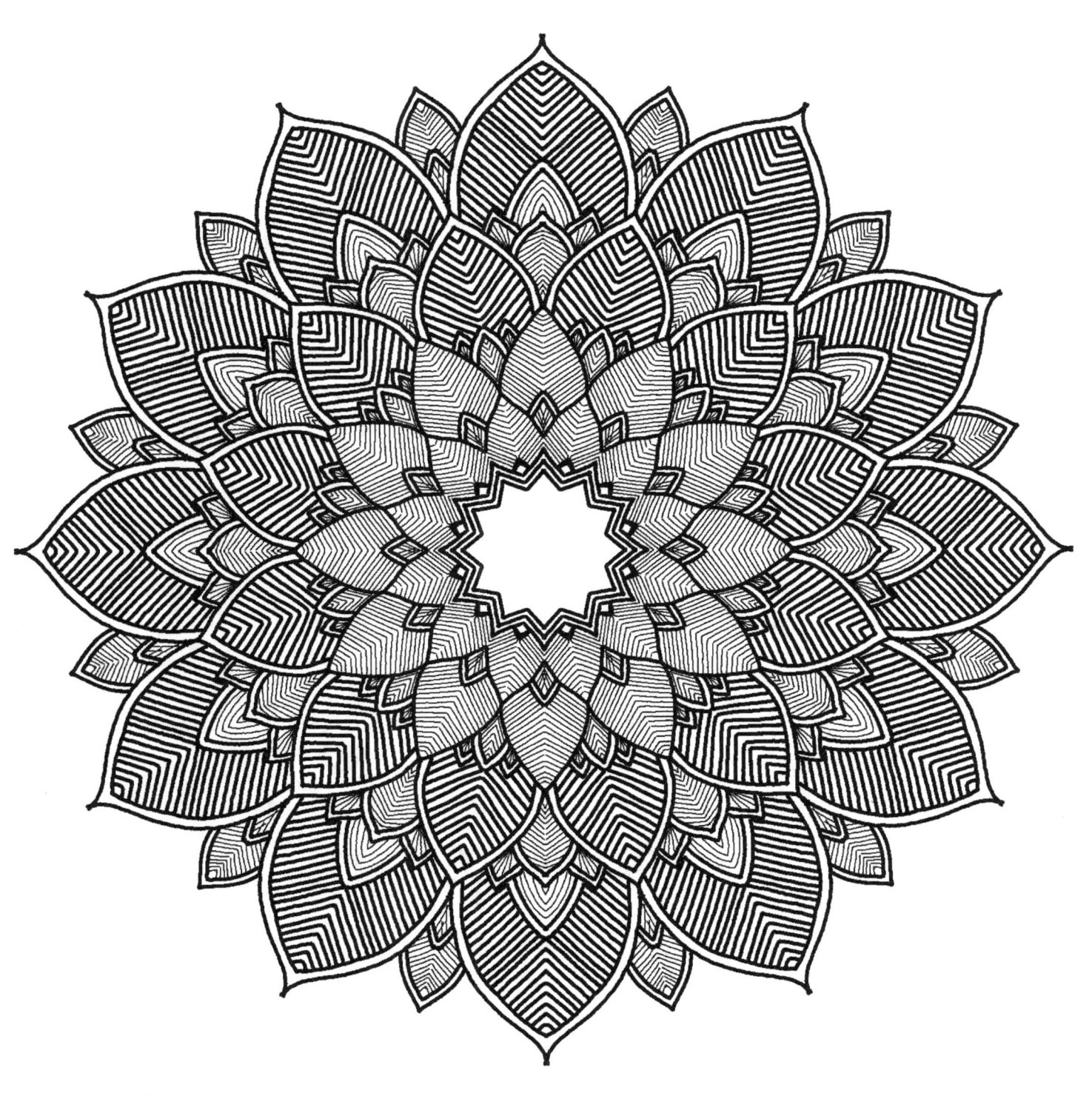

Todo es muy difícil antes de ser fácil

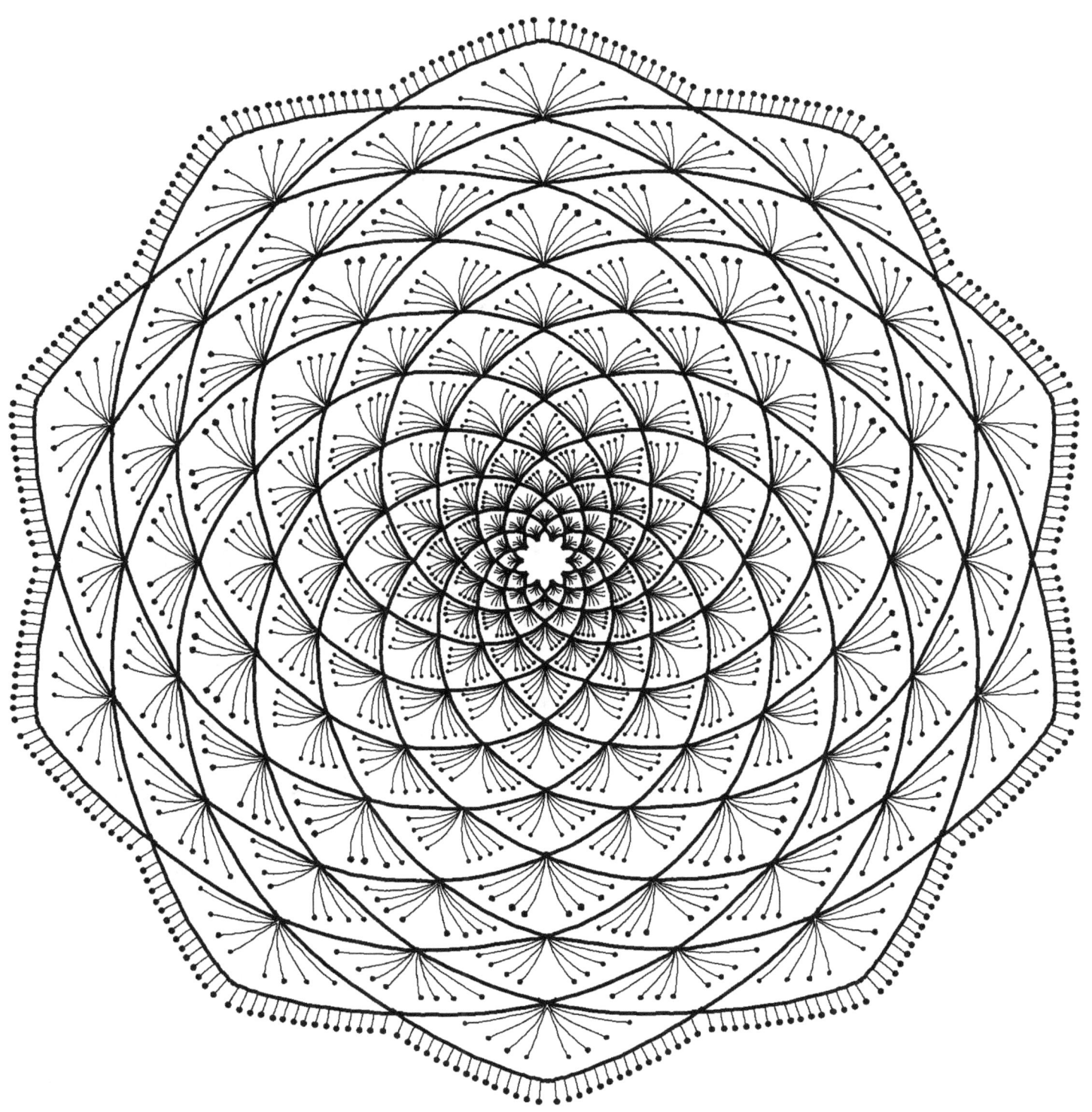

El futuro pertenece a los que creen en la belleza de sus sueños

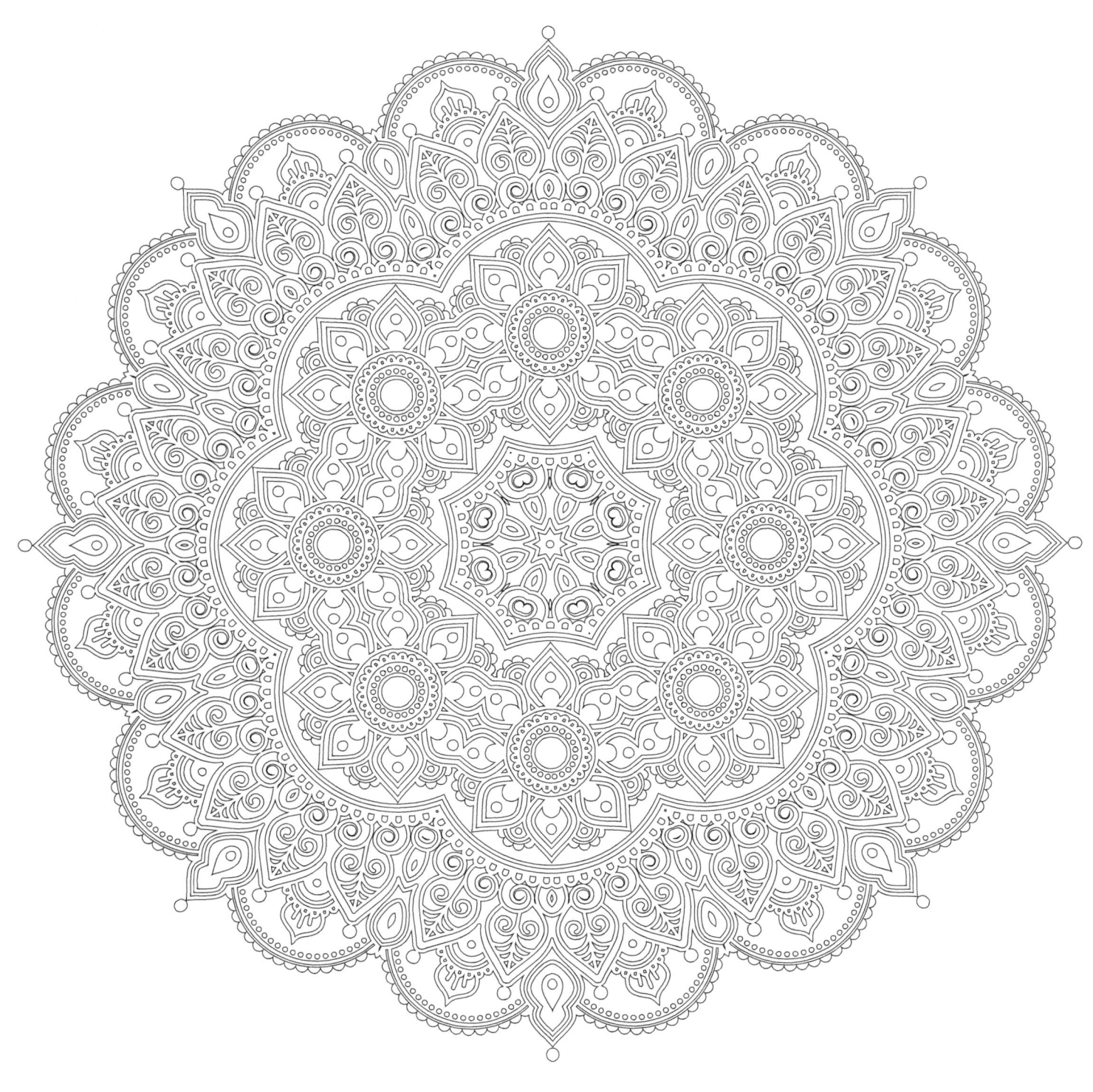

Lo importante no es el destino. Es el camino

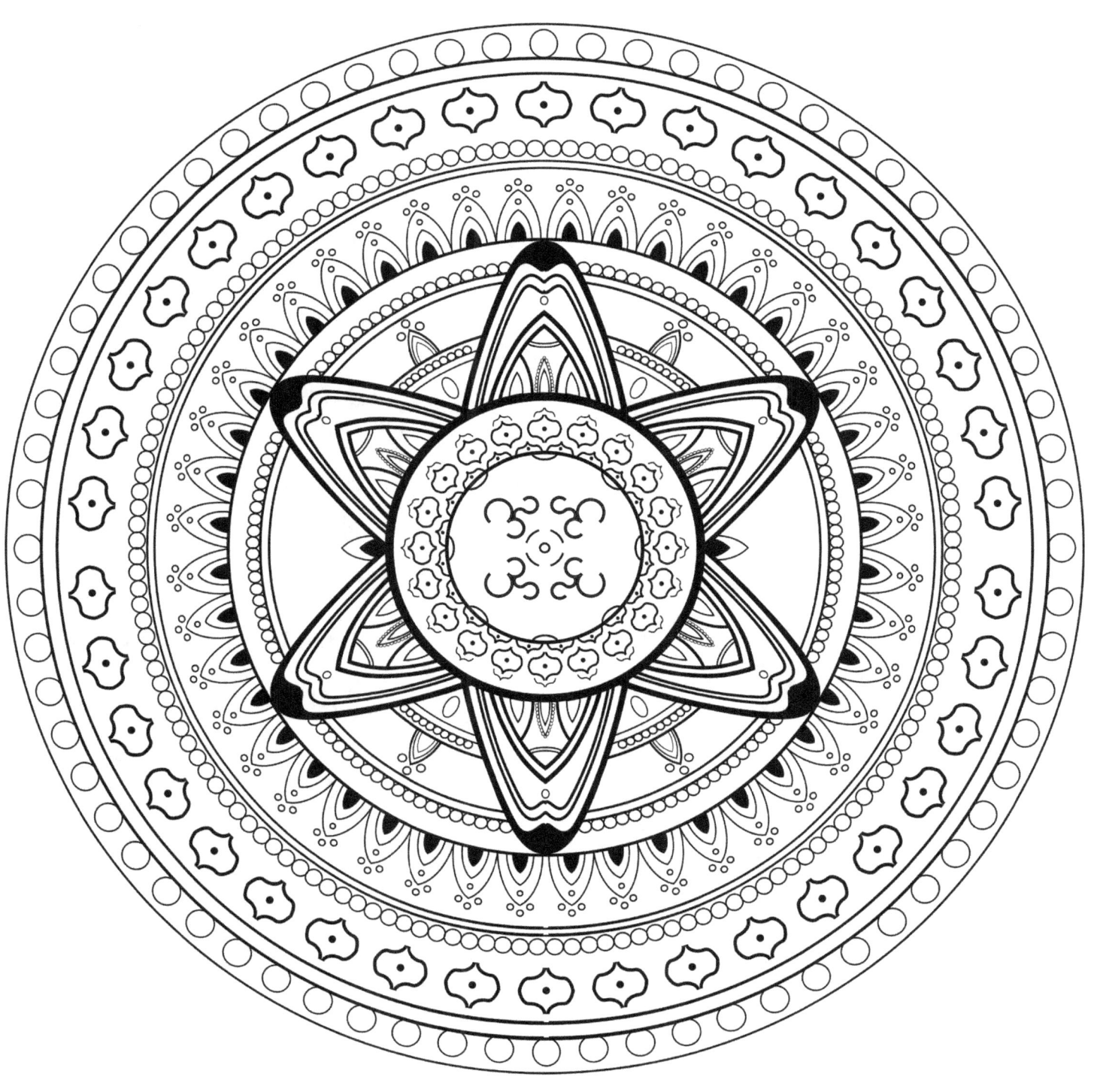

La paciencia tiene todo el tiempo que necesita

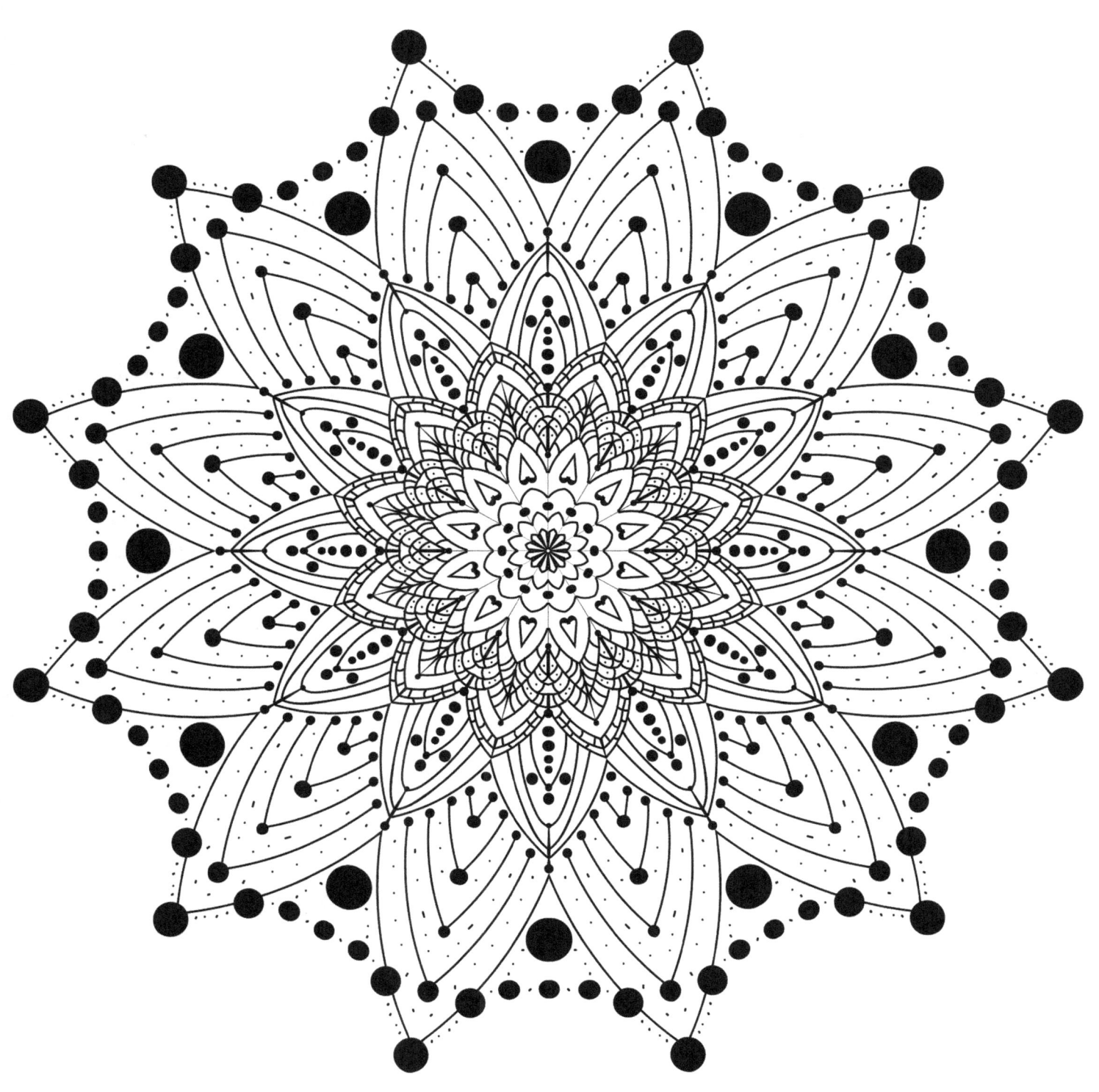

Si los árboles no te dejan ver el bosque, apunta a las estrellas

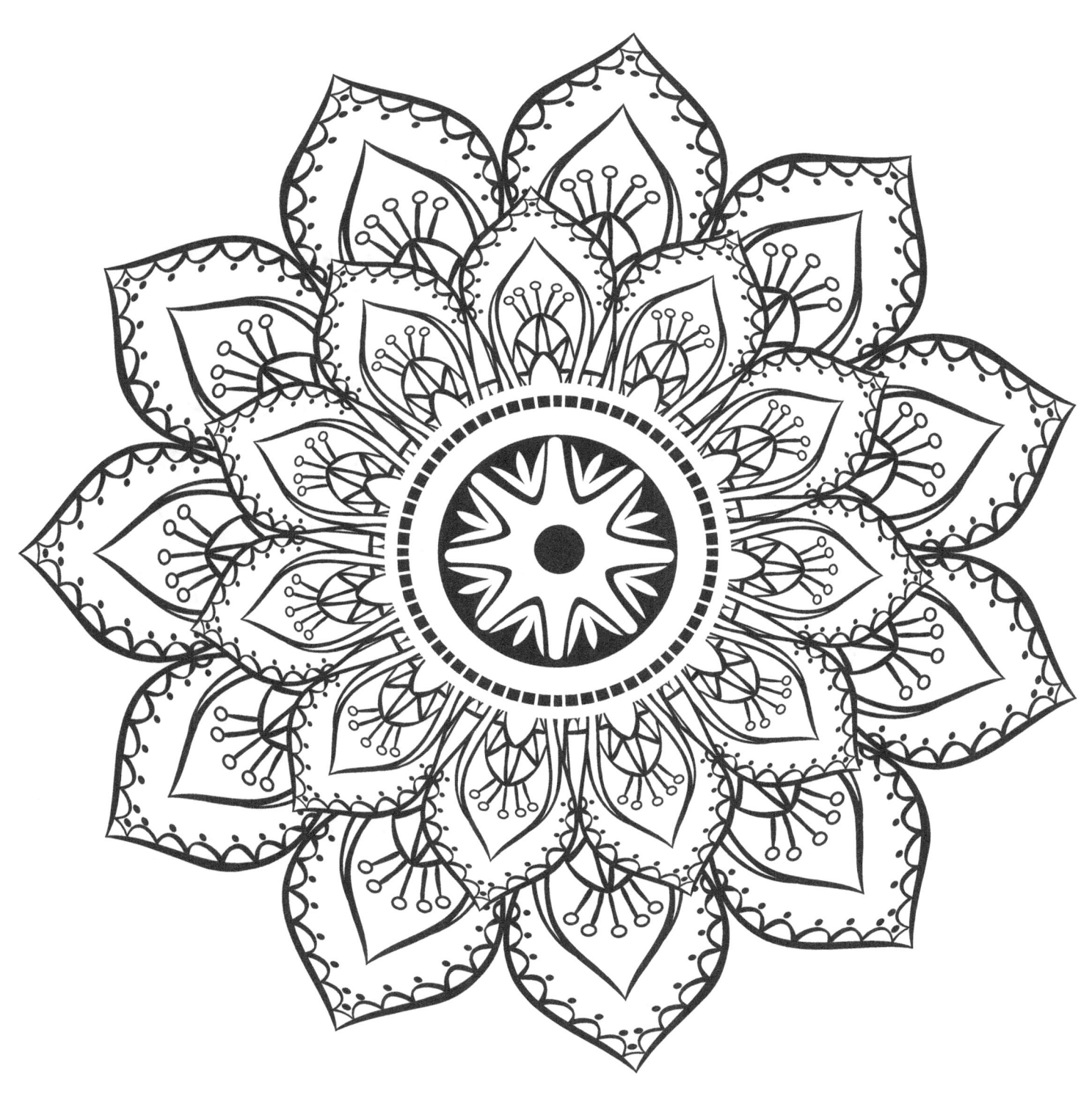

La virtud es la siembra. El bienestar la cosecha

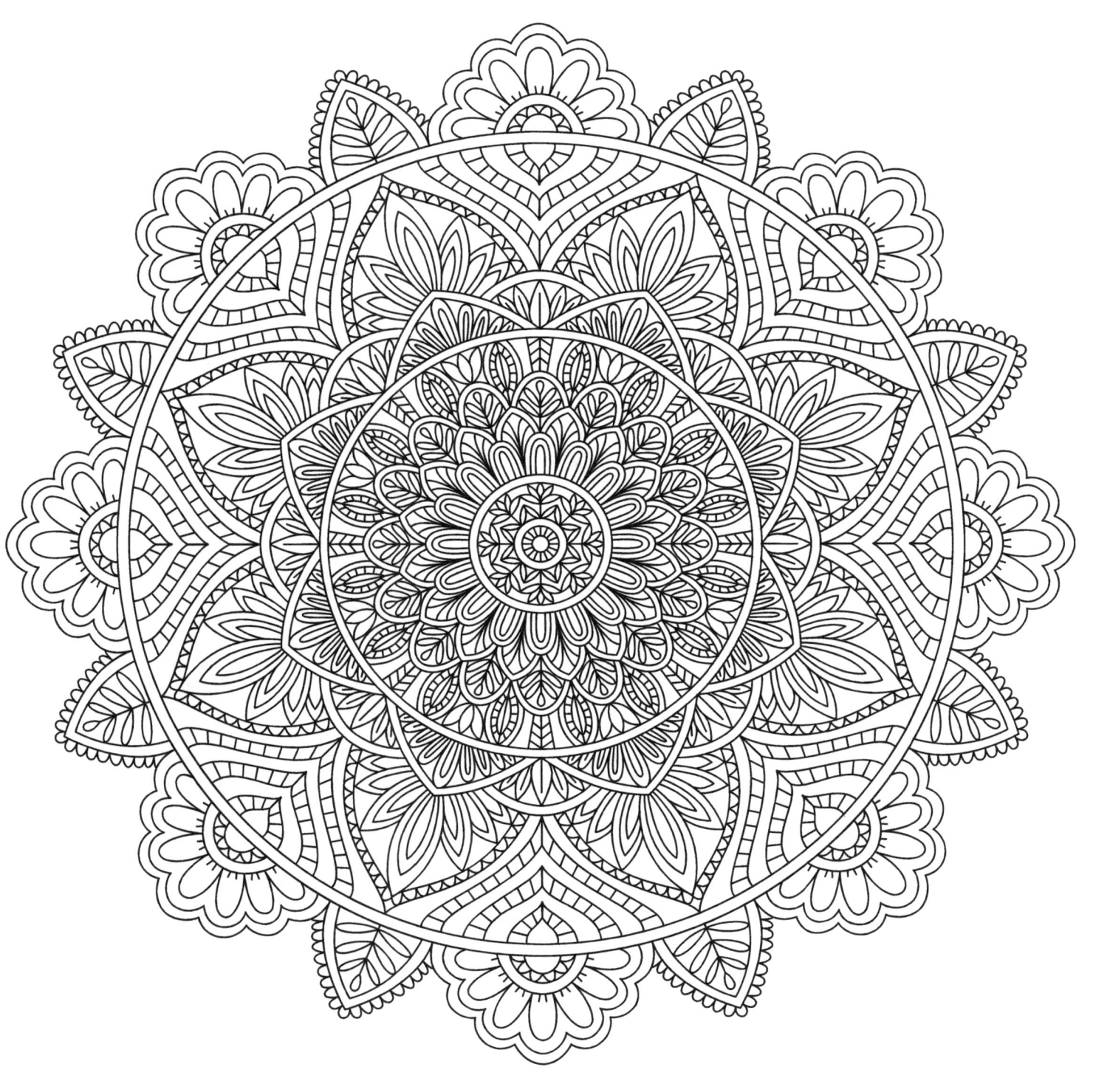

Lo único imposible es aquello que no intentas

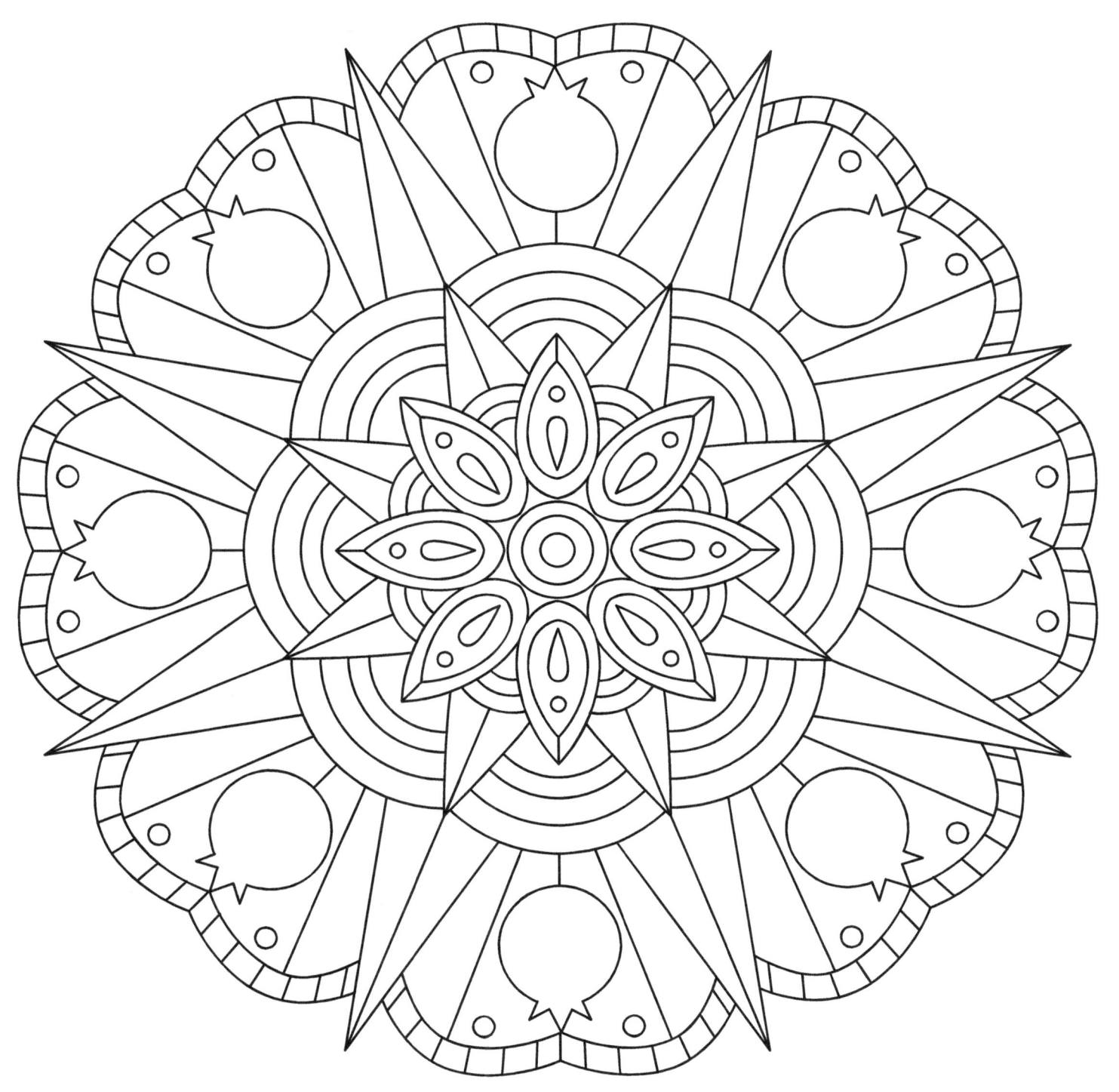

Eres el dueño de tu destino, el capitán de tu alma

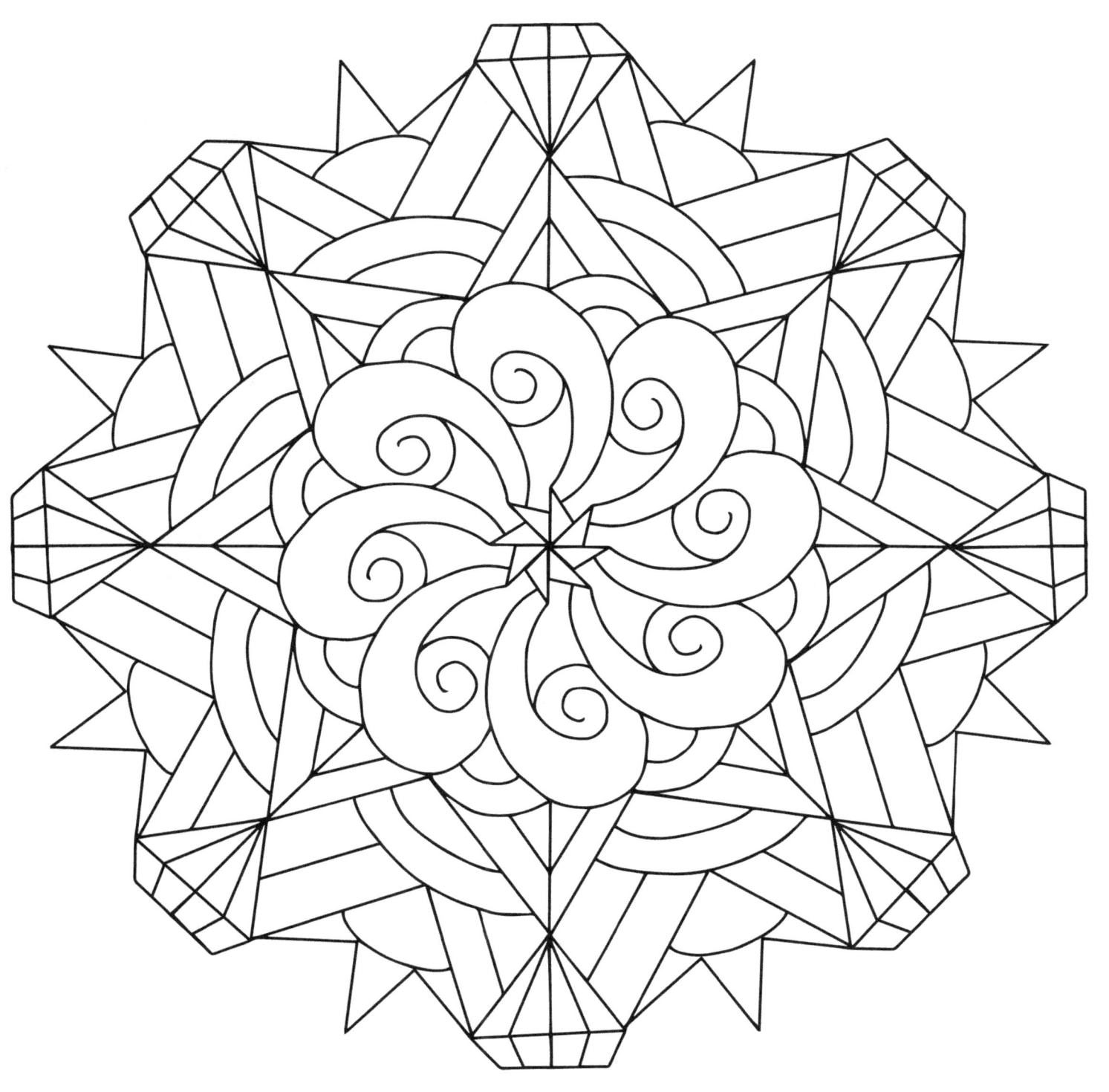

La mente es un espejo flexible para ver mejor el mundo

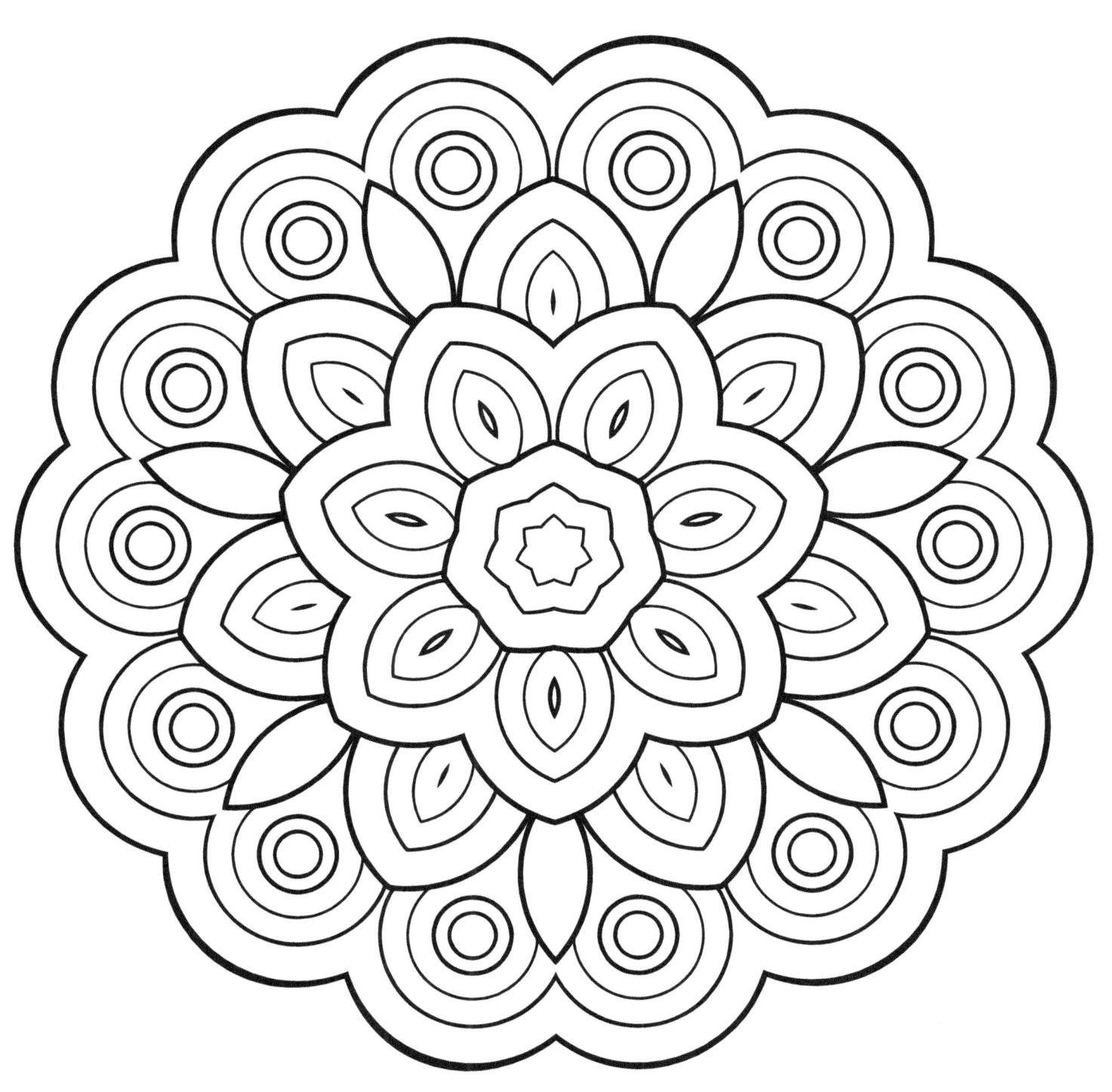

Vive, ríe

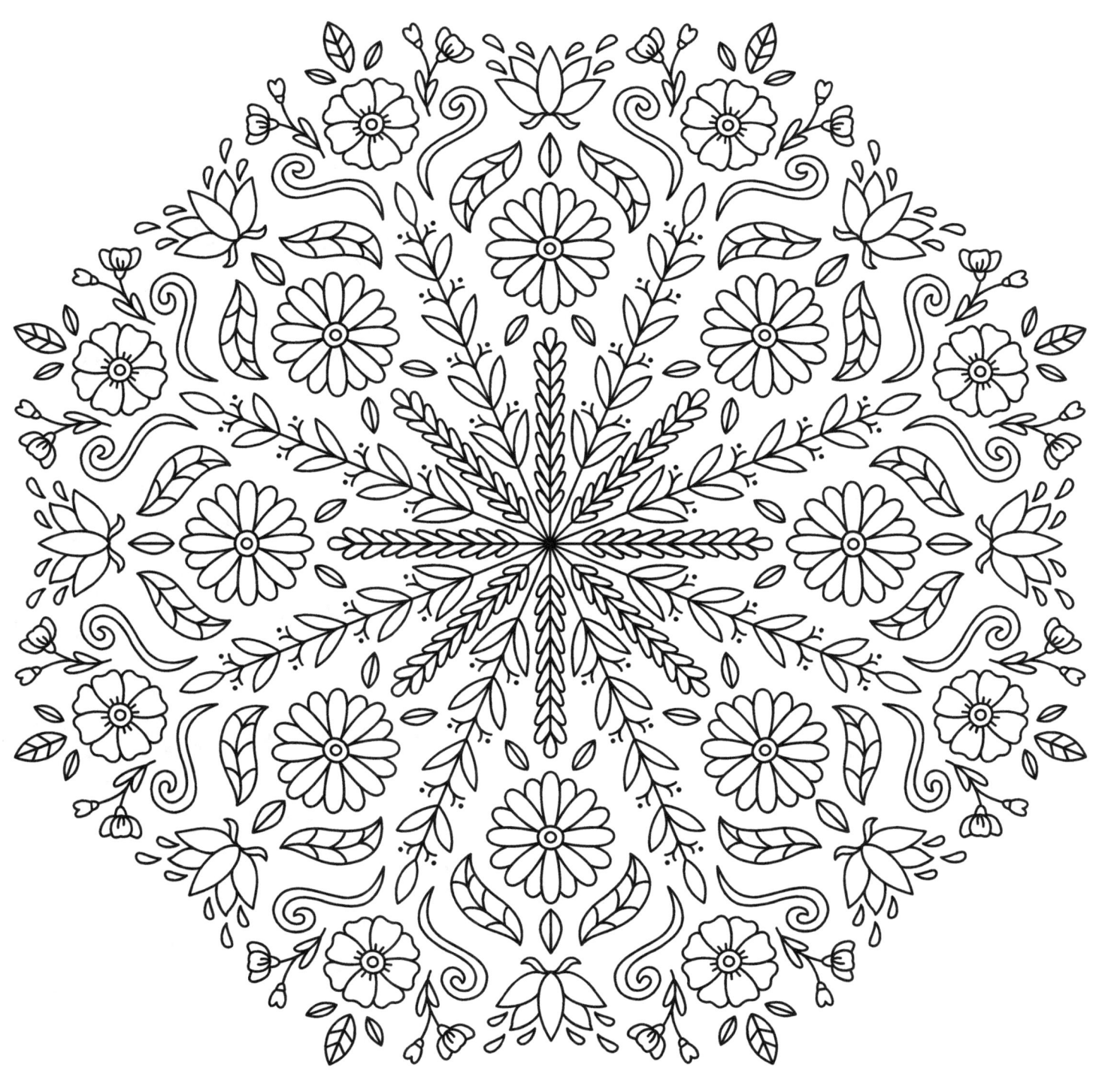

Si te preocupas por una sola hoja, no verás el árbol

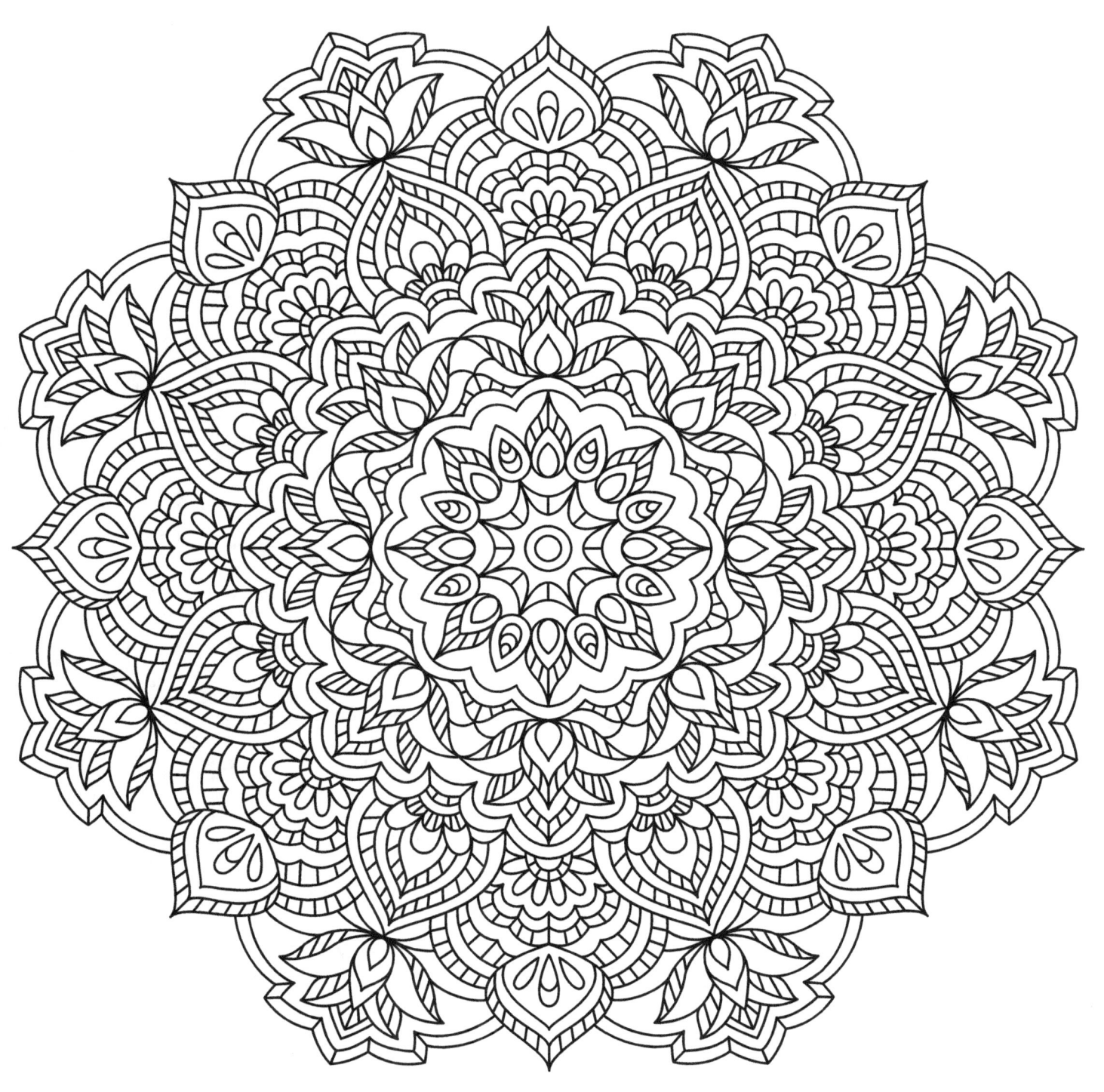

No dejes que tus miedos te limiten

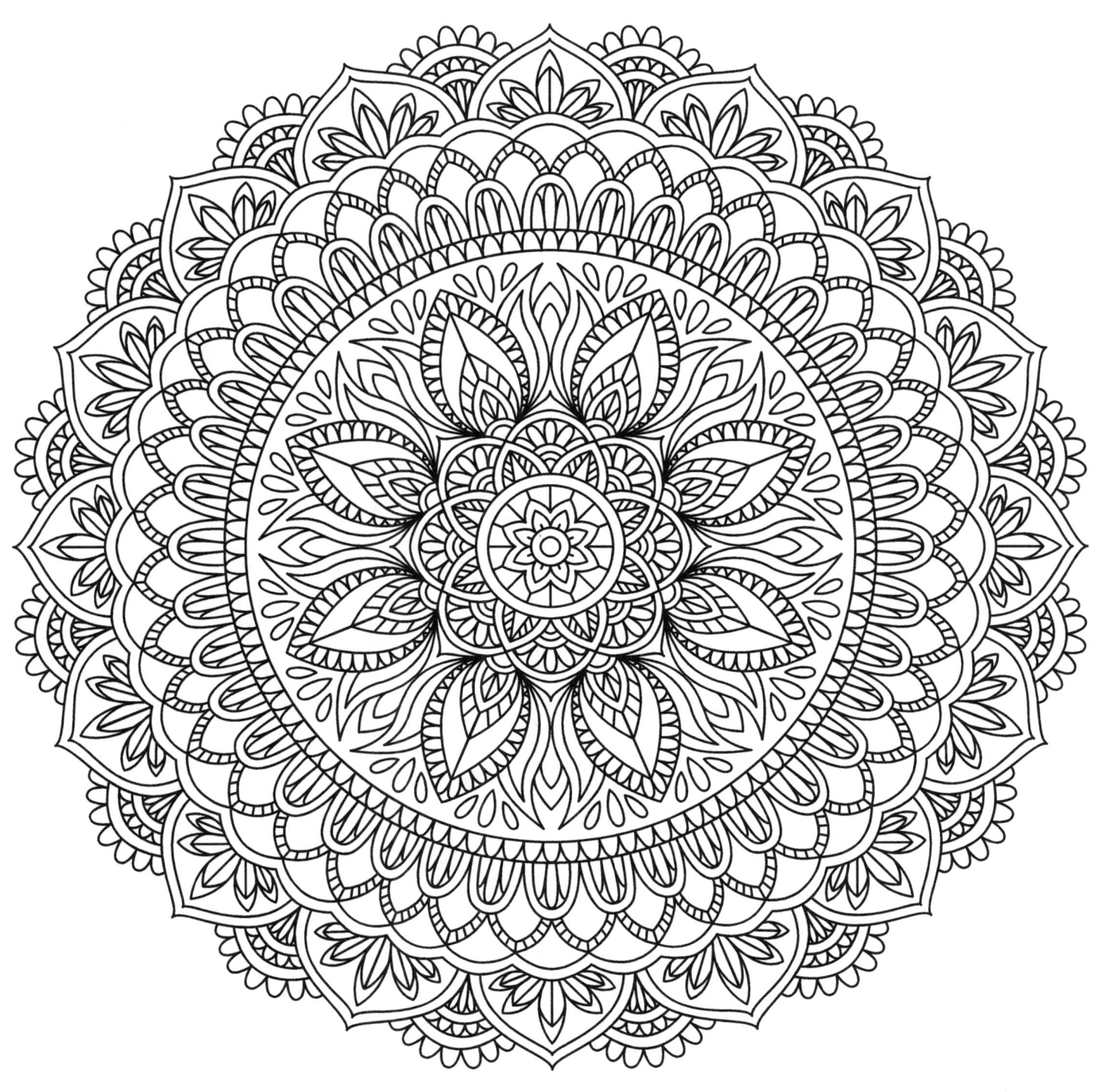

Si te rindes hoy de nada sirvió el esfuerzo que hiciste ayer

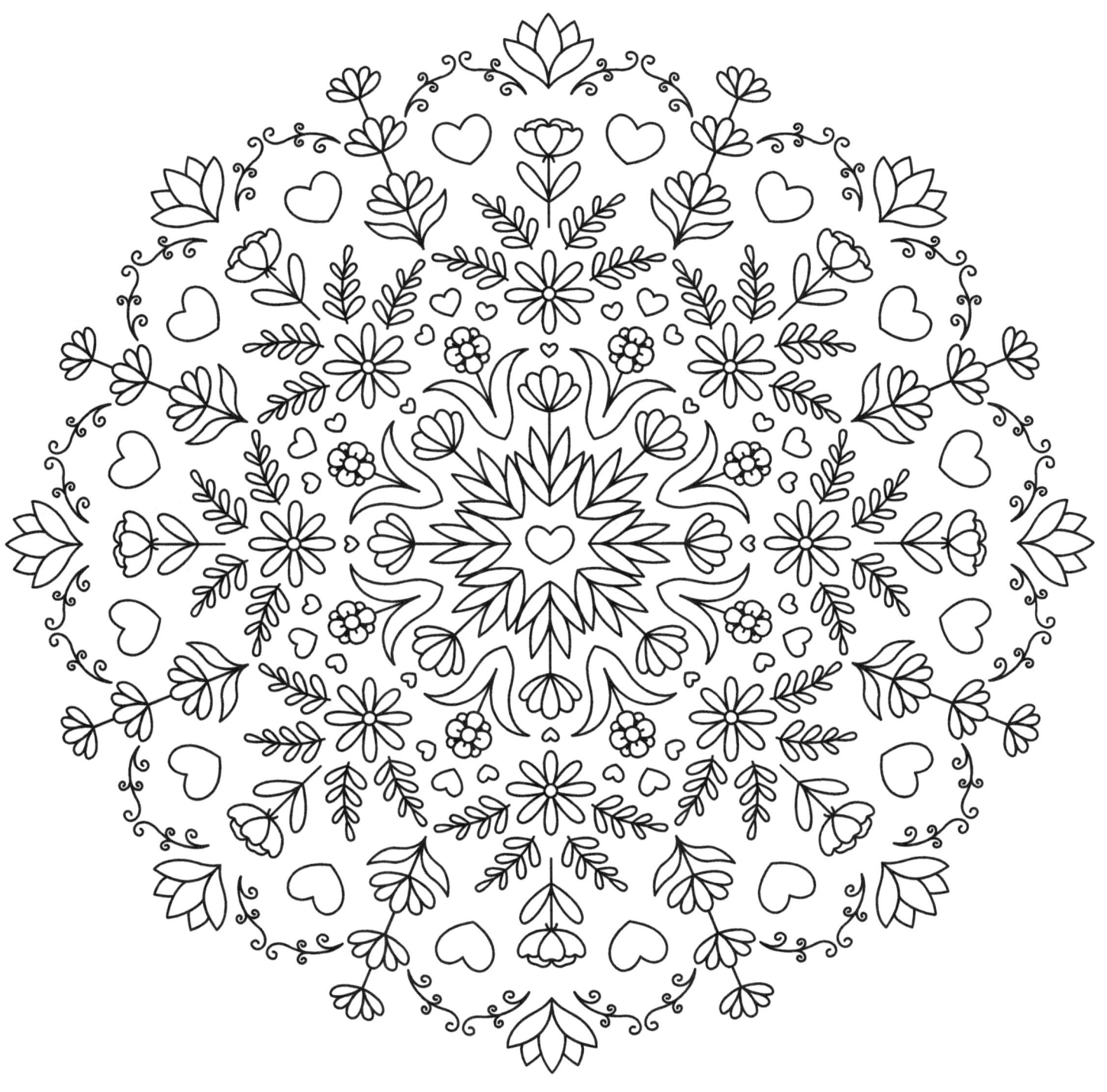

Donde sea que la vida te plante, florece

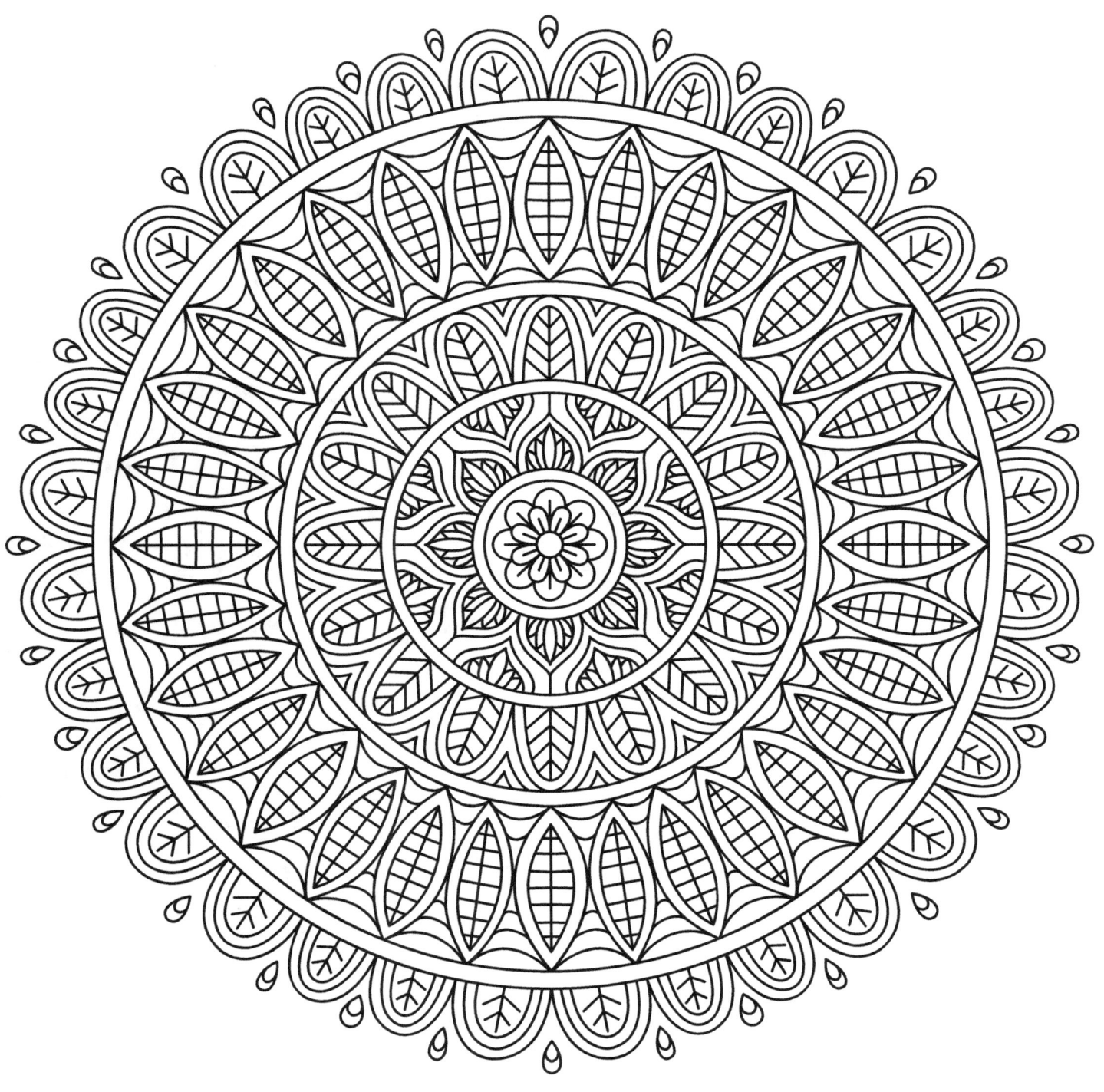

Un final es solo otro principio

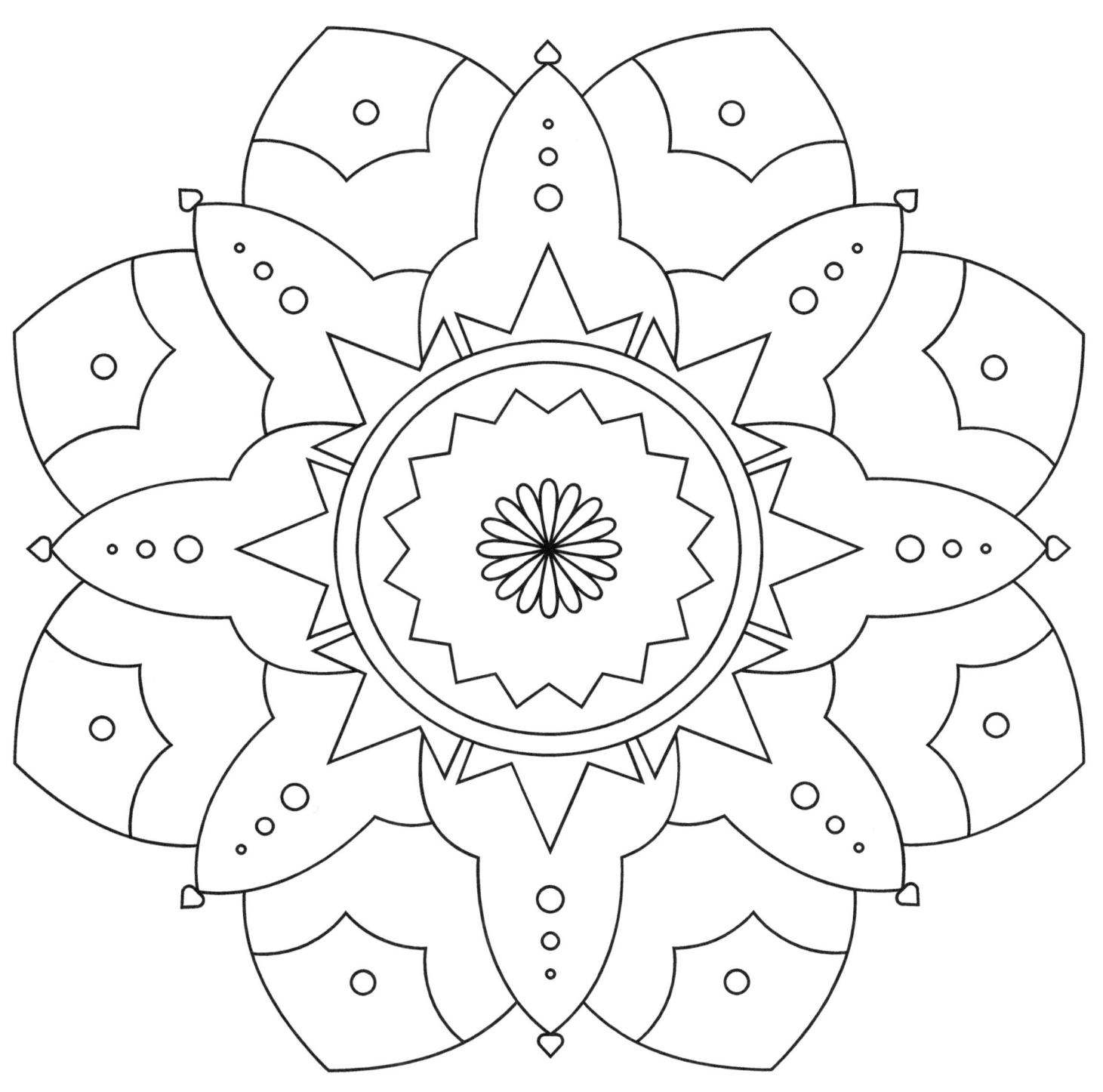

La mayor ilusión es seguir teniendo ilusiones

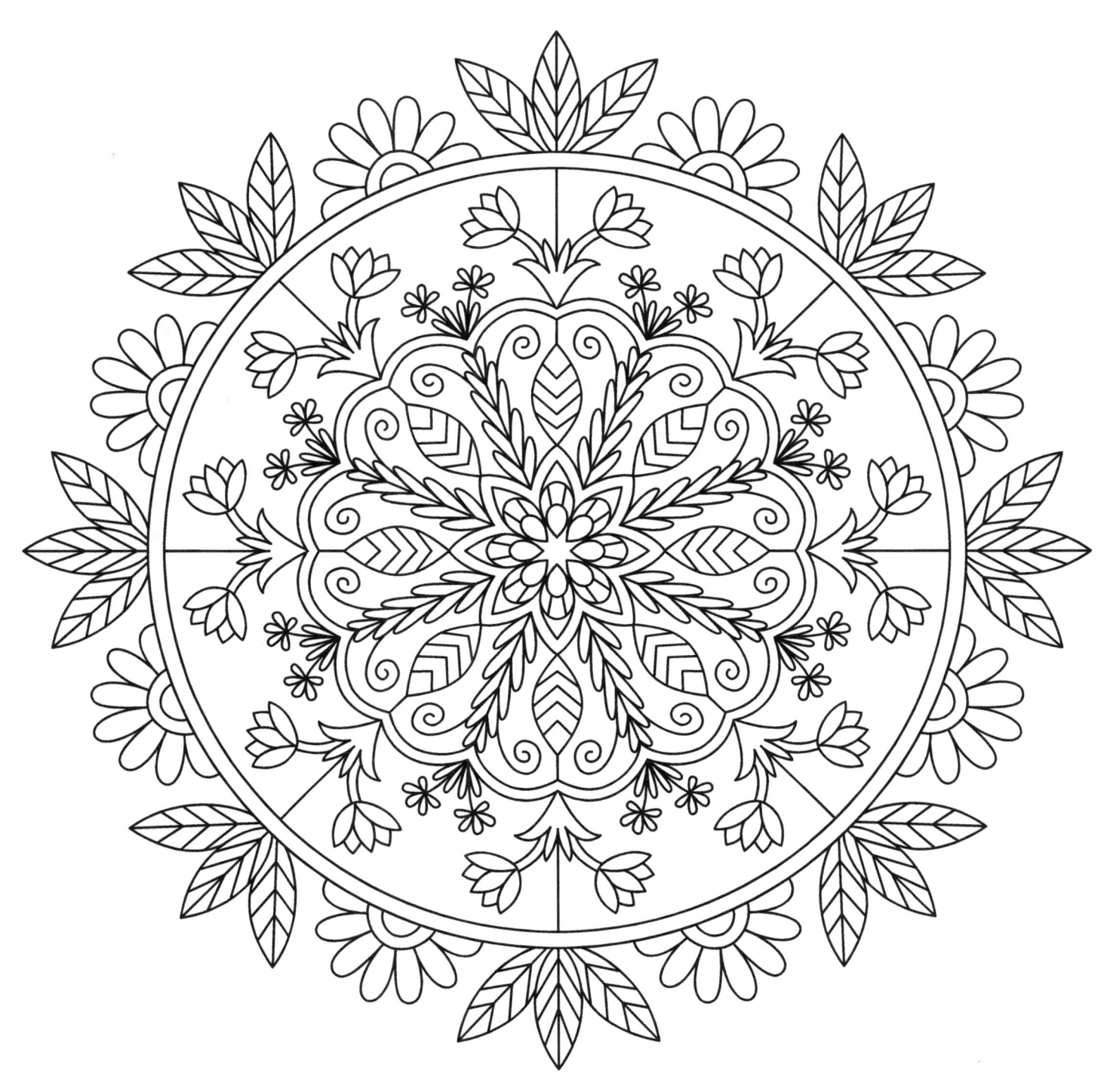

Si vas a soñar, exagera

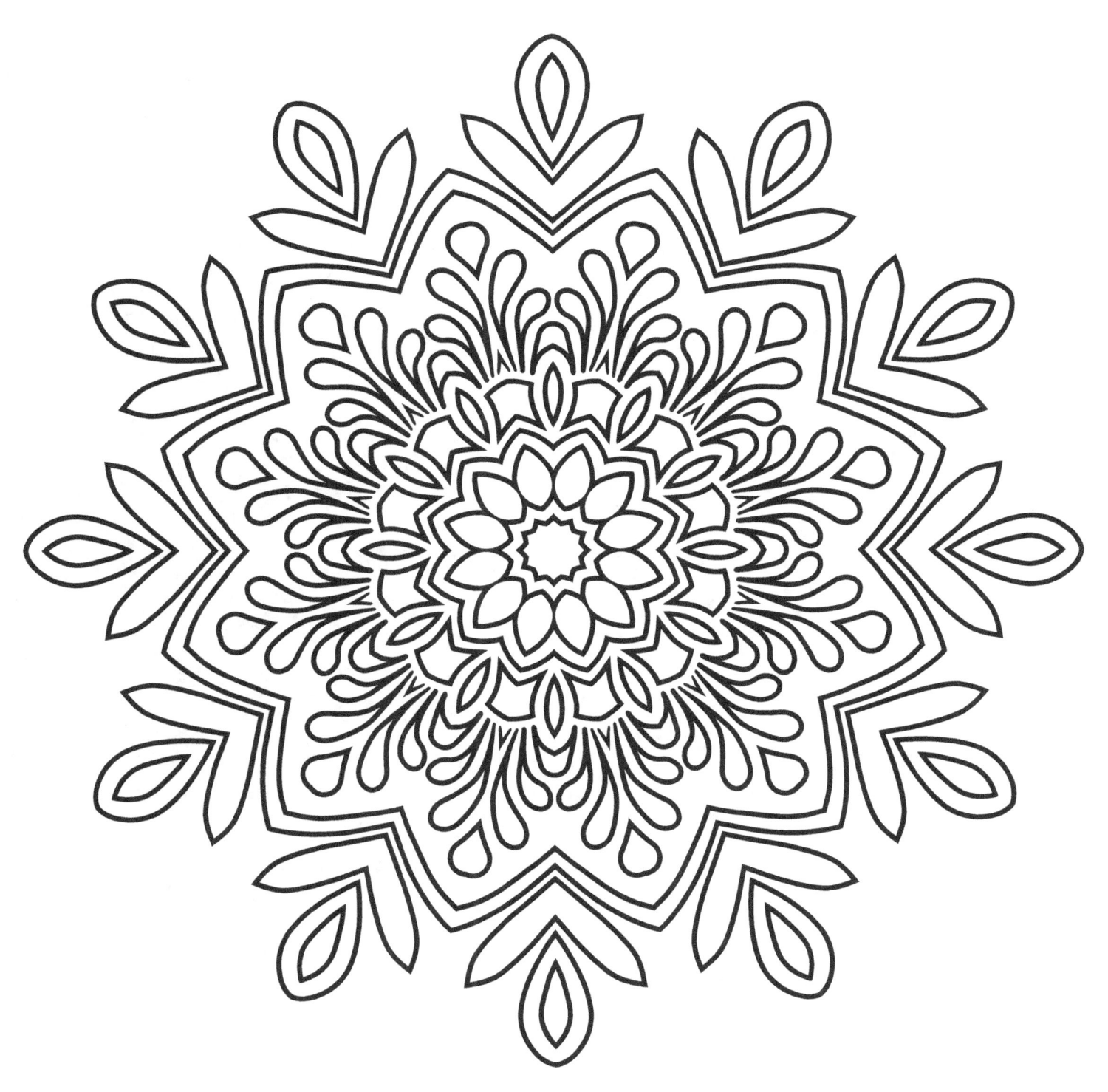

Siéntete libre de ser feliz a tu manera

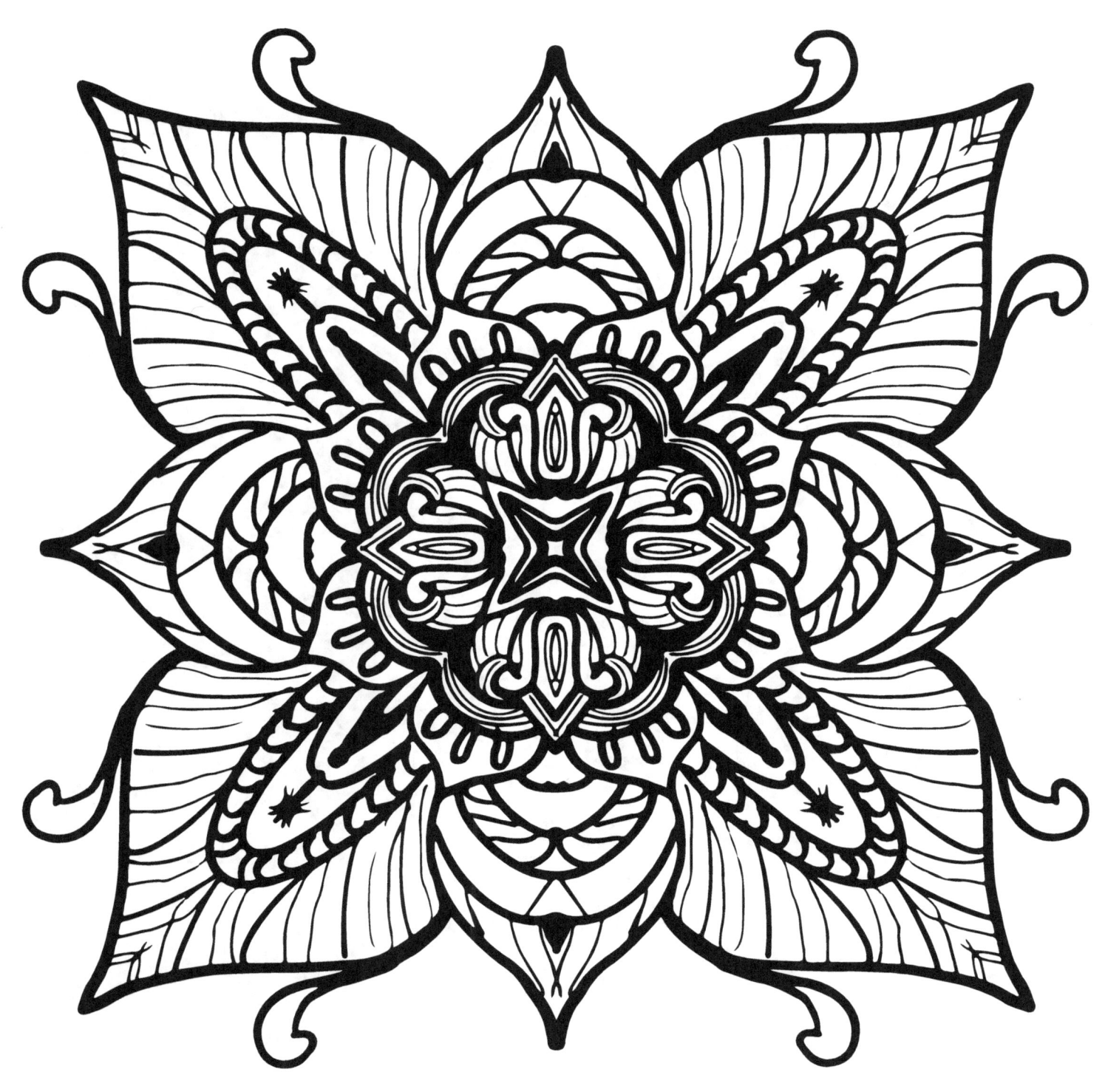

A veces, lo que te hace feliz es lo mismo que te asusta

Lo que crees, creas

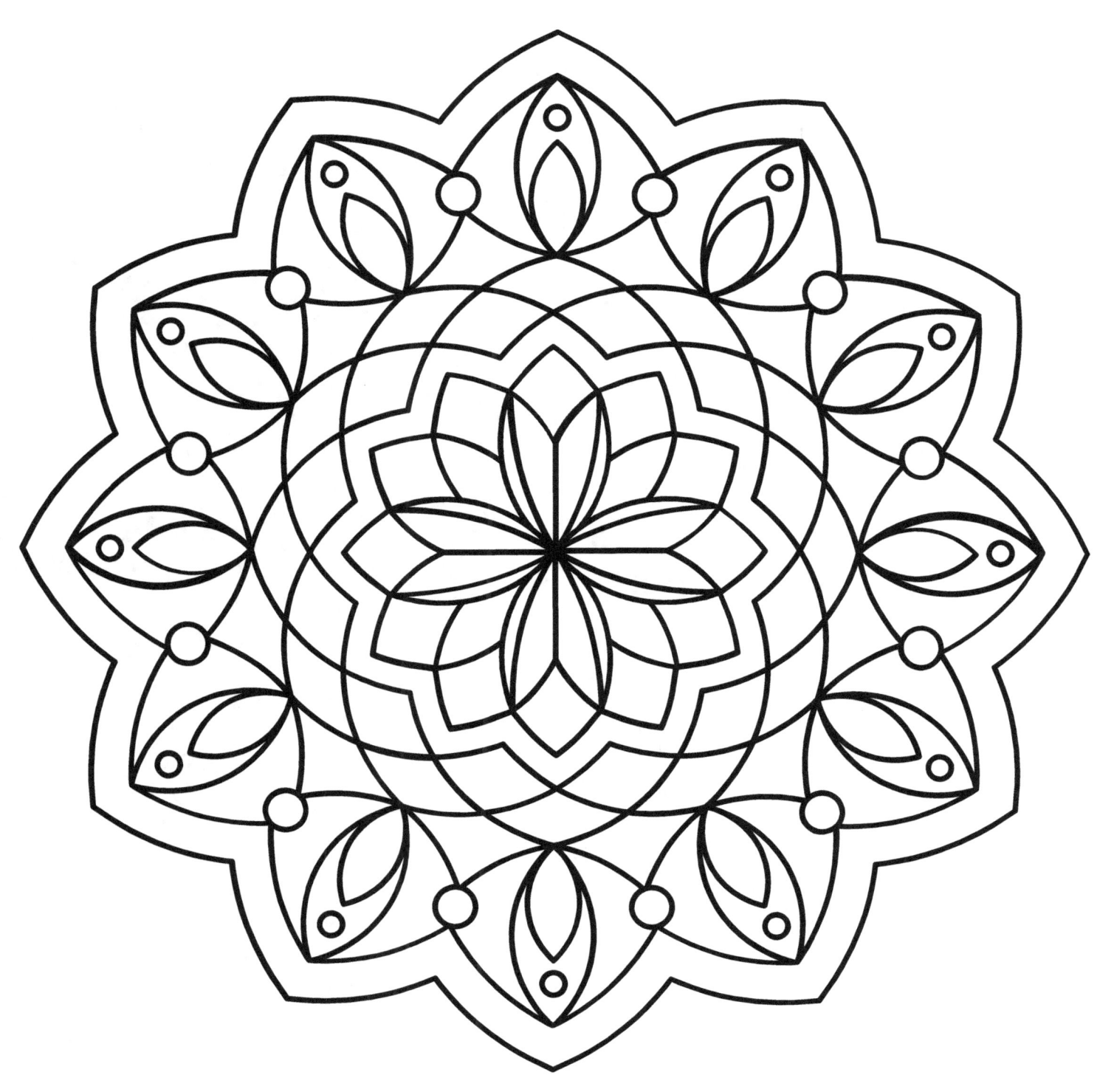

Cuando hay calma en tu interior, la adversidad es solo
parte del paisaje

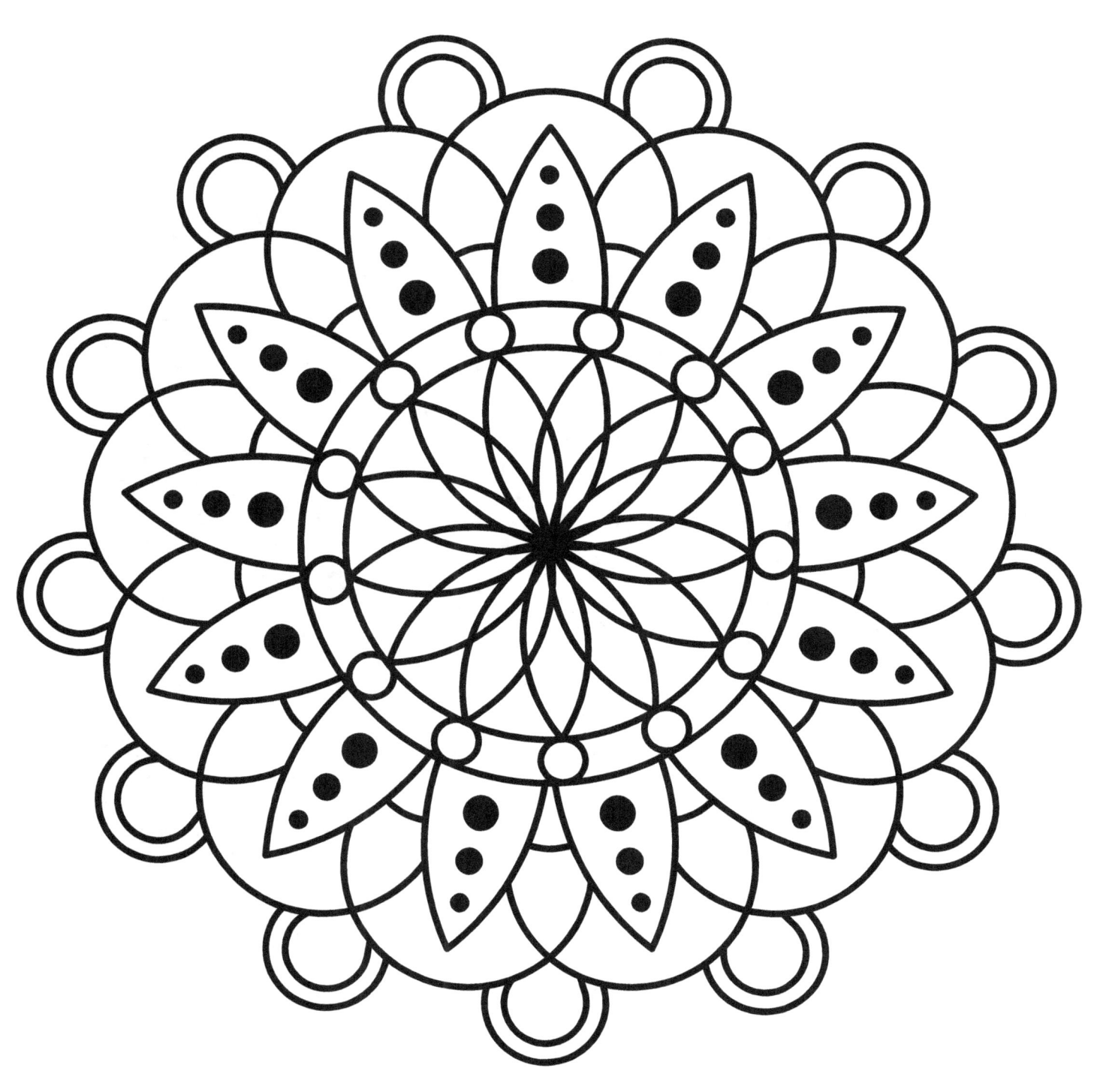

Donde reina el amor, sobran las leyes

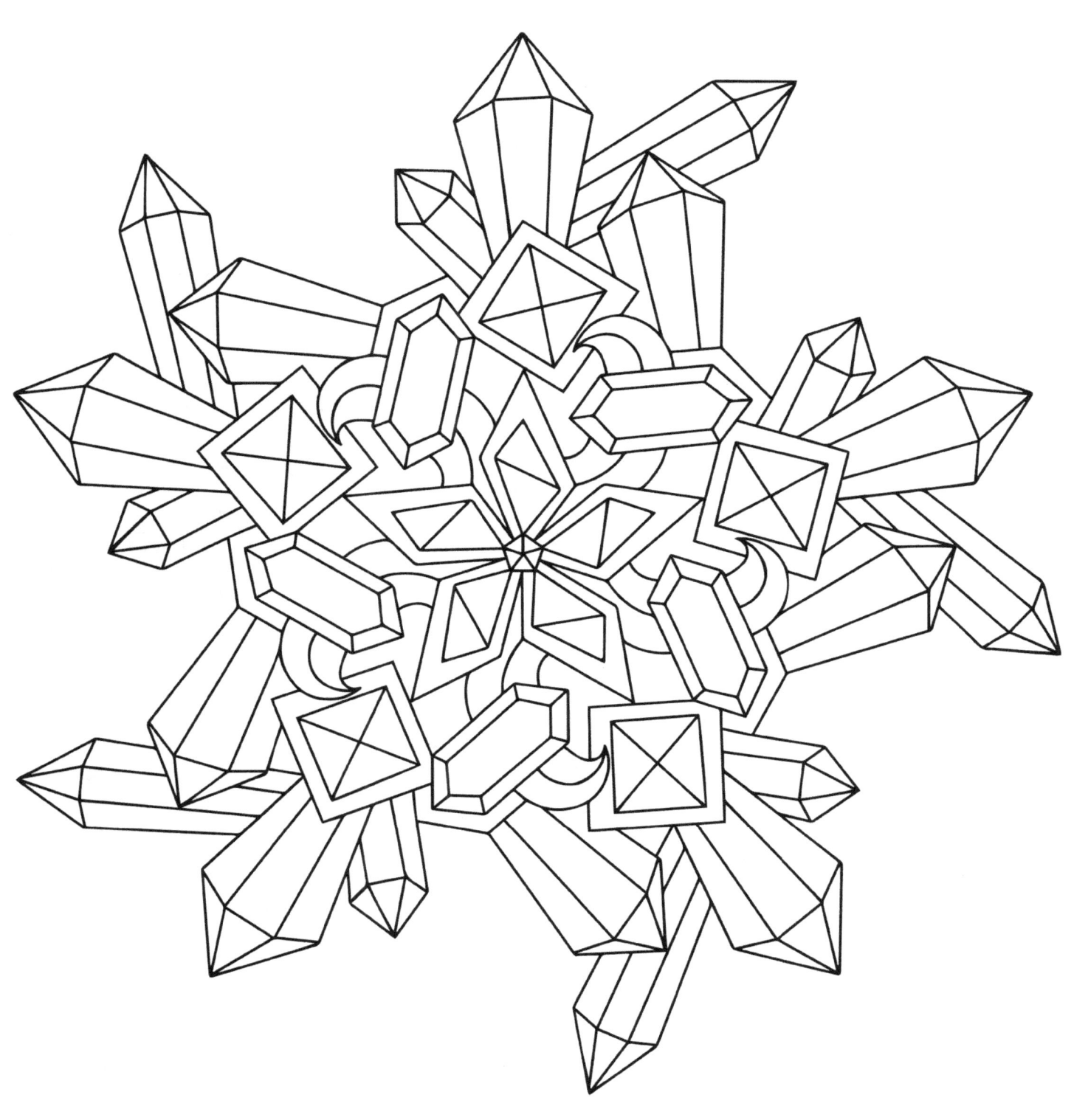

Cuando se dan las condiciones precisas, las cosas se revelan por sí mismas

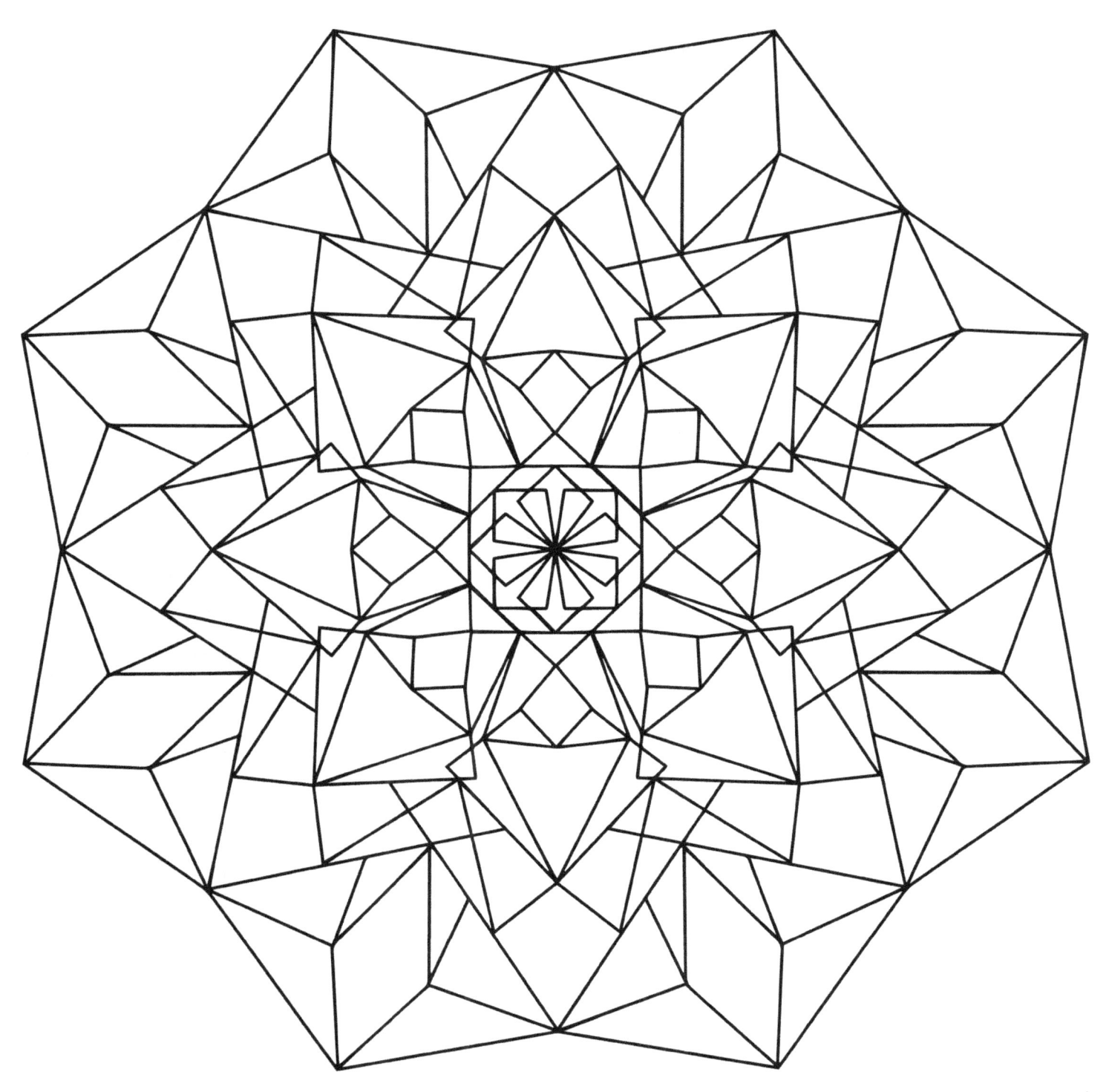

La paciencia tiene más poder que la fuerza

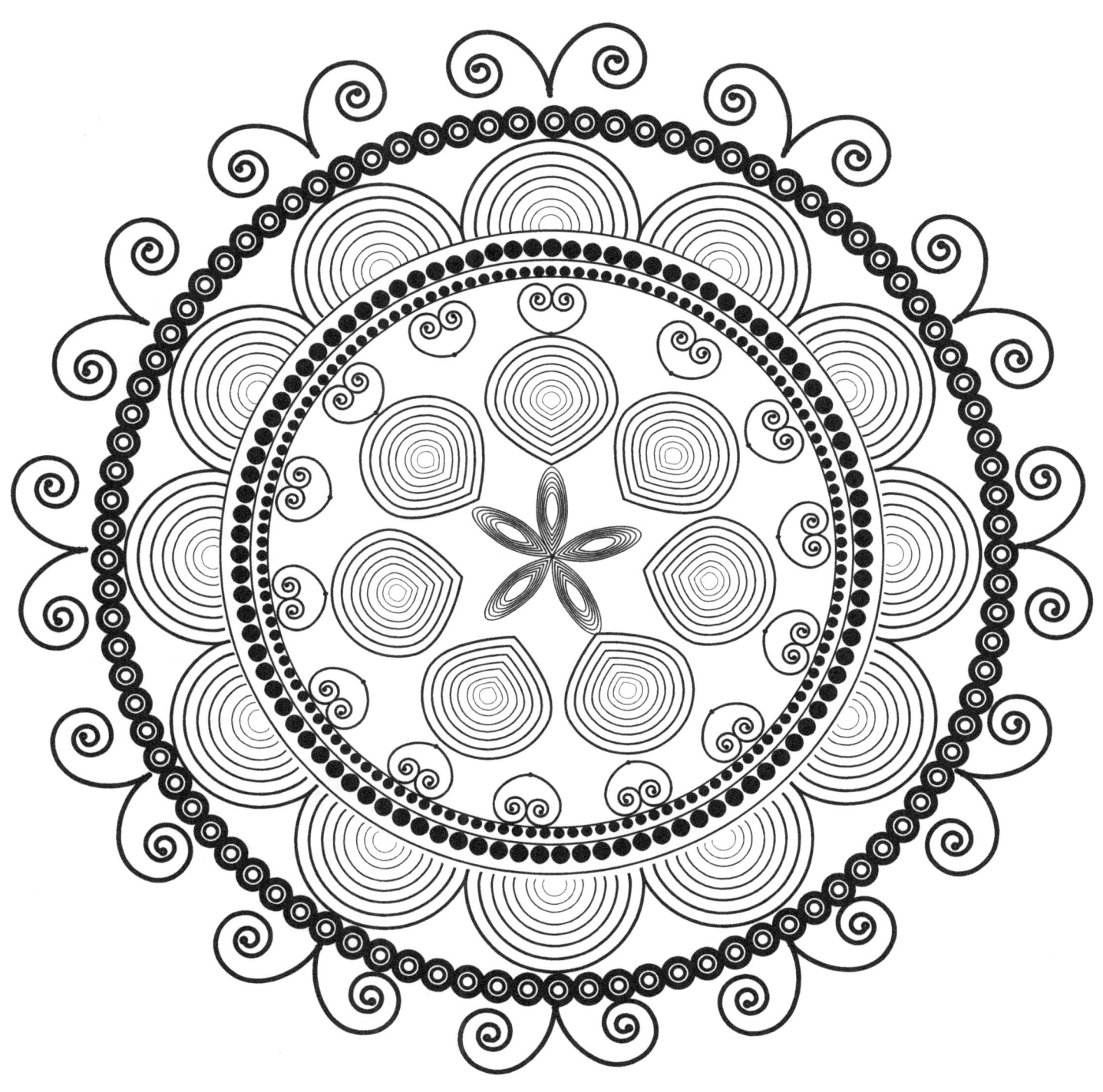

Sueña, cree y atrévete

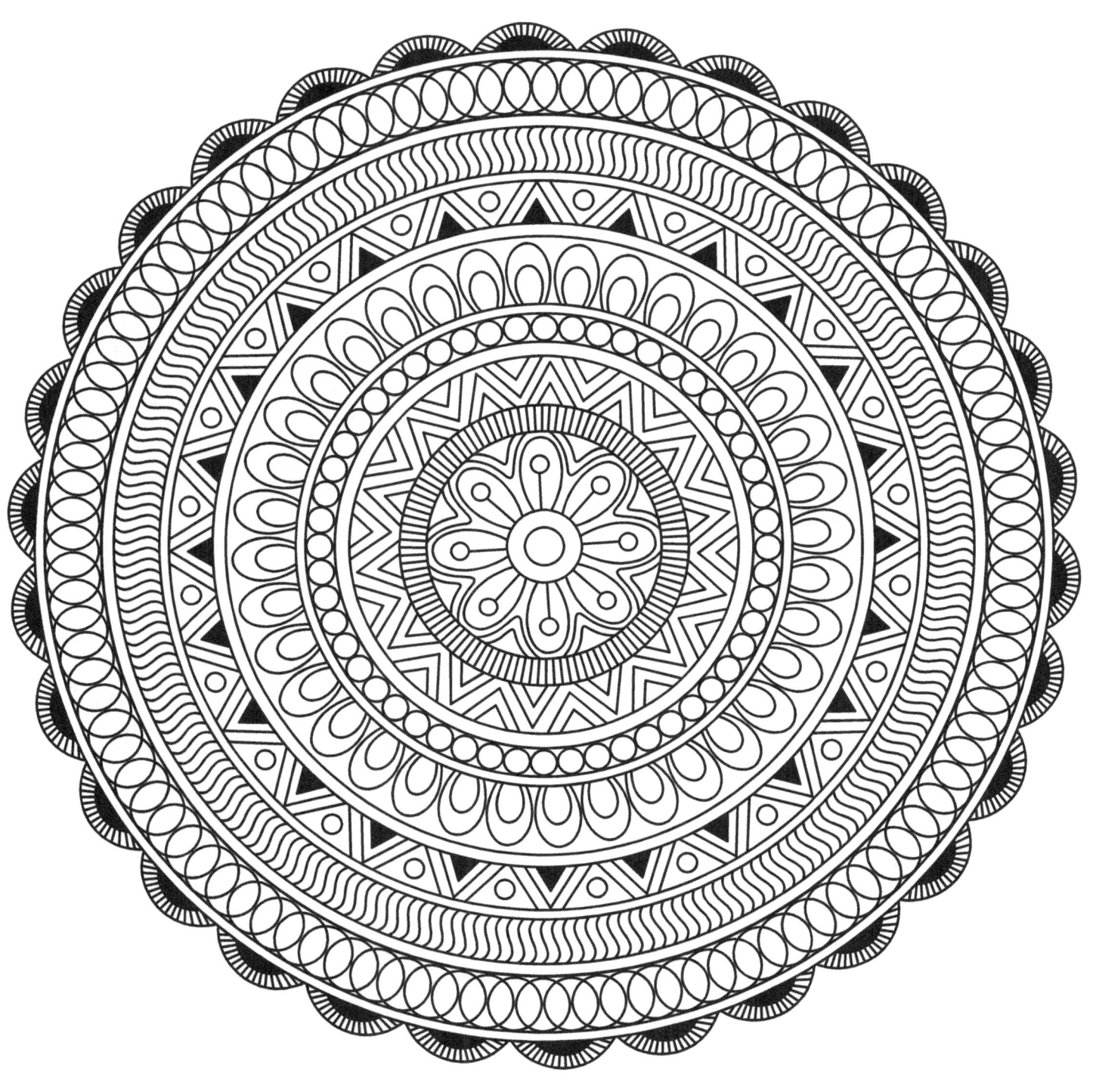

Para encontrar el camino hay que perderse varias veces

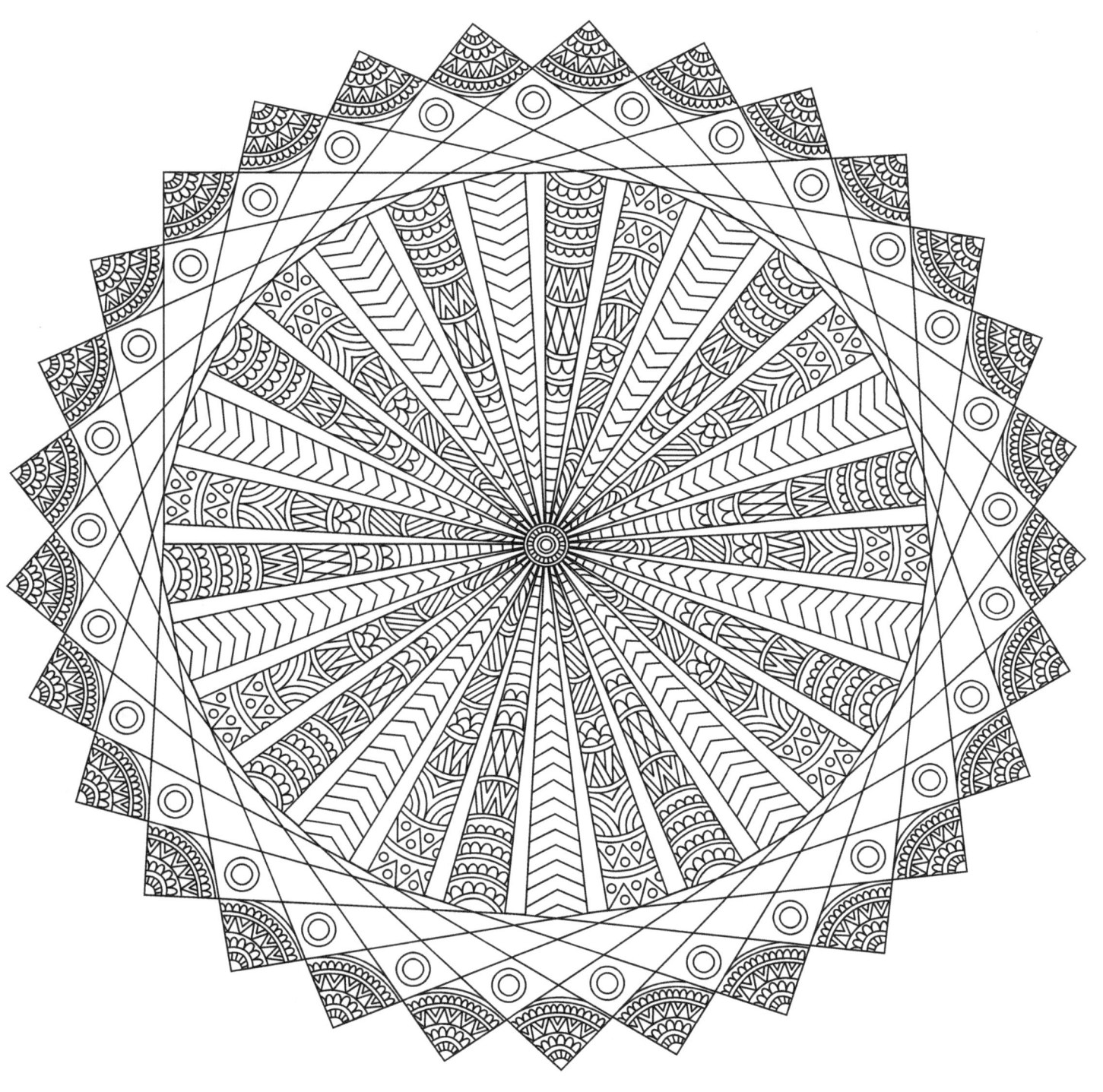

No te rindas, a veces la última llave es la que abre la puerta

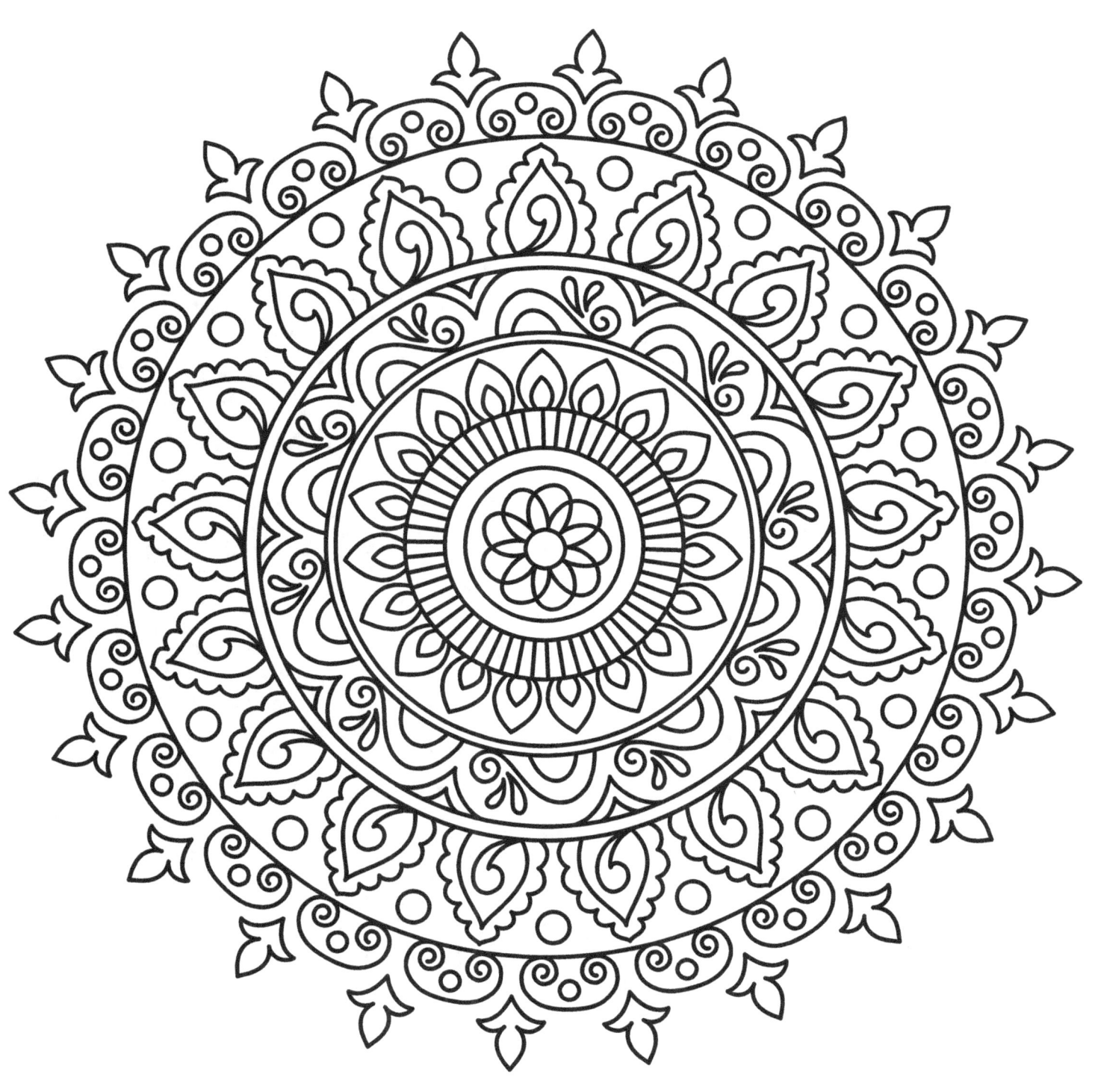

Nada se va, hasta que nos haya enseñado lo que
necesitábamos saber

www.ingramcontent.com/pod-product-compliance
Lightning Source LLC
Chambersburg PA
CBHW082140290526
45794CB00008B/3108